普通高等院校“十三五”规划教材·财会专业系列

财务会计模拟实训

（第三版）

主　编　李　艳　李　霞
副主编　王俊春　陈　静

南京大学出版社

前　　言

为推动转型发展高校把办学思路真正转到服务地方经济社会发展上来，转到产教融合校企合作上来，转到培养应用型人才上来，转到增强学生就业创业能力上来，全面提高学校服务区域经济社会发展和创新驱动发展的能力，完善高校财务与会计专业应用型人才培养模式，我们组织有丰富教育教学经验和实践经验的教师，再次深入实际工作环境进行调查研究，在企业财务专家、银行专业人员、税务系统专业人员的大力支持下，对《财务会计模拟实训》一书进行了第三次修订。此次修订，我们在坚持前两版的编写指导思想、保留教材原有特色的基础上，更加突出职业教育教学规律，将国家最新的经济政策（如营业税改增值税）恰当地反映到本教材之中，以真实的生产加工企业经济活动实践顺序为教材内容的设计主线，以财务会计理论与操作技能为载体，设计、组织课程内容，其经济业务除供、产、销主营业务及成本核算外，还包括银行结算、贷款、投资、固定资产购建与清理、纳税等基本的财务会计业务，形成以工作任务为中心、以操作实践为焦点、以技术理论知识为背景的课程内容结构，实现了课程内容由学科结构向工作结构的转变，提高可操作性，加强工作任务与知识、技能的联系，增强了学生的直观体验，诱发其学习的参与性和主动性；对关键操作环节更加大技能培训力度，从而方便学生将知识转化为专业性的技能技巧，提高其解决和处理现实问题的综合能力。本书不仅可以作为应用型高校财务与会计专业及相关专业进行财务会计模拟实训之用，也可供自学者自学使用。

本书由李艳、李霞担任主编，对全书统一加工整理，总纂定稿，王俊春、陈静担任副主编，参加编写的人员有马桂英、杨川靓、杨启芬、杨艳秋、杨恩朝、徐国良、黄宇飞、朱昀晨、李思彦。在编写过程中，云南省审计厅教育审计处的马桂英老师、中国建设银行云南省保山分行杨川靓老师、云南澜沧江酒业集团有限公司保山分公司的杨启芬老师、保山市国税局及地税局的相关人员对教材的修订提出了很多宝贵的意见和建议，提供了第一手资料，保山学院经济管理学院财务与会计系的老师们给予了很多的帮助。南京大学出版社领导，特别是尤佳编辑为本书的再版付出了一定的心血，在此一并向他们表示诚挚的感谢。在编写过程中，我们参阅了国内外同仁们大量的研究成果，限于体例未能一一说明，在此一并致以衷心感谢。

我们修订本教材的目的就是与同仁们共同探讨应用型高校人才培养模式，创新应用型人才的实践教学，对于教材中存在的不足之处和问题，我们也真诚希望得到所有同仁们的批评指正。

编　者

2017年2月

目　录

课件 PPT

第1章

模拟公司基本信息

1.1　模拟公司概括

丽都市东方啤酒公司成立于2013年1月1日，至2016年12月1日，注册资本为6 000万元。其中华南公司投资3 600万元，投资比例为60%；华东公司投资2 400万元，投资比例为40%。公司位于丽都市城北，占地面积100亩，职工300人，其中行政管理人员150人，生产人员130人（酿造车间和包装车间管理人员各5人，高端瓶装啤酒生产人员30人，低端瓶装啤酒生产人员55人，罐装啤酒生产人员35人），专设销售机构人员20人。拥有自动生产线两条，以麦芽、大米、水和酒花等为原料生产喜乐牌瓶装啤酒和罐装啤酒。公司车队除负责本公司产品运送外，可对外承担少量货物运输业务。

1. 公司机构设置

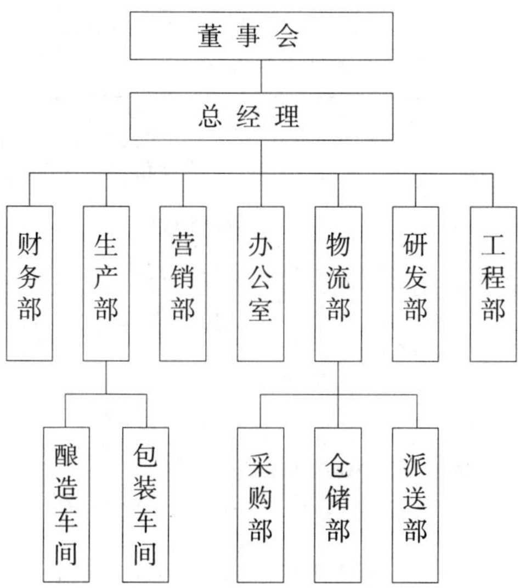

图 1-1　公司机构设置图

2. 其他基本信息

开户银行：中国建设银行丽都市支行　　账号：675843218977027

税务登记号：677856432198769
董事长：王高平
总经理：刘立强
副总经理：李志刚
财务部经理：张成栋
出纳：陈 芳
主办会计：李 松
材料核算：杨志亮
库存商品：李 森
酿造车间：周 平
包装车间：陈红英

1.2 期初余额资料

1. 2016年11月资产负债表见表1–1。
2. 12月初总账余额资料见表1–2。
3. 月初有关账户明细资料见表1–3。
4. 生产车间月初在产品成本见表1–4。
5. 产品销售价格见表1–5。
6. 固定资产明细资料见表1–6。

表1–1 资产负债表(简表)

会企01表

编制单位:东方啤酒公司　　2016年11月30日　　单位:元

资　产	年初余额	期末余额	负债和所有者权益	年初余额	期末余额
流动资产:			流动负债:		
货币资金	17 615 398.00	14 753 420.00	短期借款	400 000.00	300 000.00
交易性金融资产	508 000.00	506 000.00	应付账款	34 000.00	80 000.00
			应付票据		200 000.00
应收账款	200 000.00	122 356.00	预收账款	50 000.00	40 000.00
应收票据	26 000.00	165 509.27	应付职工薪酬	1 380 300.00	1 418 300.00
预付账款		–4 000.00	应交税费	434 373.50	175 885.50
应收利息	5 000.00	7 000.00	应付利息	3 478.00	2 916.67
应收股利	3 000.00	63 000.00	交易性金融负债		
其他应收款	26 000.00	41 900.00	其他应付款	300.00	
存货	7 074 869.00	7 125 620.00	一年内到期的非流动负债	500 000.00	
流动资产合计	25 458 267.00	22 780 805.27	流动负债合计	2 802 451.50	2 217 102.17

（续表）

资　产	年初余额	期末余额	负债和所有者权益	年初余额	期末余额
非流动资产：			非流动负债:		
长期股权投资	470 000.00	550 000.00	递延所得税负债	12 000.00	12 000.00
固定资产	14 659 434.00	13 726 783.00	非流动负债合计	12 000.00	12 000.00
在建工程		9 300 000.00	负债合计	2 814 451.50	2 029 102.17
无形资产	19 579 682.12	19 582 333.33	所有者权益：		
研发支出	100 000.00	200 000.00	股本	55 000 000.00	60 000 000.00
递延所得税资产	30 000.00	30 000.00	资本公积	1 980 000.00	2 300 000.00
			盈余公积	202 931.62	320 819.43
			未分配利润	300 000.00	1 320 000.00
非流动资产合计	34 839 116.12	43 389 116.33	所有者权益合计	57 482 931.62	63 940 819.43
资产总计	60 297 383.12	66 169 921.60	权益总计	60 297 383.12	66 169 921.60

表1-2　东方啤酒公司总账期初余额

2016年12月1日　　单位:元

科　　目	金　　额	科　　目	金　　额
库存现金	40 000.00	短期借款	300 000.00
银行存款	13 851 920.00	应付账款	80 000.00
其他货币资金	861 500.00	应付票据	200 000.00
交易性金融资产	506 000.00	预收账款	40 000.00
应收票据	165 509.27	应付利息	2 916.67
应收账款	128 796.00	应付职工薪酬	1 418 300.00
坏账准备	–6 440.00	应交税费	175 885.50
预付账款	–4 000.00	递延所得税负债	12 000.00
应收利息	7 000.00	股本	60 000 000.00
应收股利	63 000.00	资本公积	2 300 000.00
其他应收款	41 900.00	盈余公积	320 819.43
原材料	3 368 000.00	利润分配	120 000.00
材料成本差异	–13 000.00	本年利润	1 200 000.00
周转材料	1 526 750.00		
库存商品	1 716 000.00		
材料采购	516 000.00		
长期股权投资	550 000.00		
固定资产	15 940 000.00		

(续表)

科　目	金　额	科　目	金　额
累计折旧	-2 213 217.00		
在建工程	9 300 000.00		
研发支出	200 000.00		
无形资产	21 560 000.00		
累计摊销	-1 977 666.67		
递延所得税资产	30 000.00		
生产成本	11 870.00		
总　计	66 169 921.60		66 169 921.60

表1–3　东方啤酒公司有关总账、明细账、日记账期初余额资料

2016年12月1日　　单位:元

项目	总　账	明 细 账	余额(借方)	余额(贷方)	备　注
资产	库存现金		40 000.00		
	银行存款		13 851 920.00		
	其　他货币资金	外埠存款	200 000.00		昆明市建设银行
		存出投资款	661 500.00		新发证券公司
		小　计	861 500.00		
	交易性金融资产	成　本	208 000.00		森林债券(2016年7月6日购入2 000张,面值总额200 000元,票面利率7%,买价215 000元,含已到期半年利息,随时准备出售。7月1日和1月1日为付息日)
		成　本	300 000.00		红星股票(10 000股)
		公允价值变动		2 000.00	红星股票
		小　计	508 000.00	2 000.00	
	应收票据	方达连锁有限公司	165 509.27		2016 年 11 月 21 日开出，期限 1 个月
	应收账款	前进公司	68 796.00		
		星星商场	60 000.00		
		小　计	128 796.00		
	坏账准备			6 440.00	
	预付账款	兴业公司		4 000.00	
	应收利息	森林债券	7 000.00		
	应收股利	和平公司	63 000.00		

（续表）

项目	总　账	明 细 账	余额(借方)	余额(贷方)	备　　注
资产	其他应收款	姚小平	10 000.00		工会
		董立飞	10 000.00		营销部
		王秋生	10 000.00		办公室
		房　租	11 900.00		
		小　计	41 900.00		
	原材料	原料及主要材料（计划成本）	860 000.00		澳麦（200吨，4 300元/吨）
			1 110 000.00		甘肃麦（300吨，3 700元/吨）
			558 000.00		大米（180吨，3 100元/吨）
			700 000.00		曲靖麦（200吨，3 500元/吨）
		辅助材料	140 000.00		酒花（2吨，70 000元/吨）
		小　计	3 368 000.00		
	材料成本差异	原料及主要材料		13 000.00	
	周转材料	包装物	300 000.00		包装箱（100 000个，3.00元/个）
			192 000.00		高端瓶装啤酒瓶（280 000个，新瓶0.9元/个，共130 000个，旧瓶0.5元/个，共150 000个）
			455 000.00		低端瓶装啤酒瓶（770 000个，新瓶0.7元/个，共350 000个，旧瓶0.5元/个，共420 000个）
			135 100.00		啤酒罐（193 000个，0.7元/个）
			62 000.00		商标标签（1 240 000个，0.05元/个）
		小　计	1 144 100.00		
		低值易耗品	250.00		润滑油（50千克，5元/千克）
			20 000.00		工作服（250套，80元/套）
			1 200.00		手套（300双，4元/双）
			1 200.00		胶带（600卷，2元/卷）
			360 000.00		塑料周转箱（10 000个，36.00元/个）
		小　计	382 650.00		
	合　计		1 526 750.00		
	库存商品	高端瓶装啤酒	420 000.00		10 000件，12瓶/件，成本42.00元/件，3.50元/瓶
		低端瓶装啤酒	432 000.00		18 000件，12瓶/件，成本24.00元/件，2.00元/瓶
		罐装啤酒	864 000.00		9 000件，24瓶/件，成本96元/件，4.00元/罐
		小　计	1 716 000.00		

(续表)

项目	总账	明细账	余额(借方)	余额(贷方)	备注
资产	材料采购	澳麦	516 000.00		利丰公司购入,120吨,4 200元/吨,运杂费12 000元
	长期股权投资	成本	350 000.00		和平公司(注册资本300万元),持股比例10%,30万股。2016年1月1日投资。(成本法核算)
		成本	180 000.00		成林公司(注册资本400万元),持股比例30%,2015年1月1日投资。(权益法核算)
		损益调整	20 000.00		
		小计	550 000.00		
	固定资产(从2013年1月1日开始计提折旧)	房屋及建筑物	7 000 000.00		厂房
			2 700 000.00		仓库
		小计	9 700 000.00		
		机器设备	2 100 000.00		酿造车间
			1 900 000.00		包装车间
		小计	4 000 000.00		
		运输工具	487 000.00		装卸车(4台,车间用)
			840 000.00		卡车(7辆,销售用)
			600 000.00		小车(3辆,管理用)
		小计	1 927 000.00		
		电子设备	90 000.00		产品质量检测仪
			175 000.00		台式电脑(联想系列35台,5 000元/台,车间管理用4台,仓库管理用2台,销售用4台,厂部管理用25台)
			48 000.00		笔记本电脑(联想系列5台,9 600元/台,厂部管理用)
		小计	313 000.00		
	合计		15 940 000.00		
	累计折旧			2 213 217.00	
	在建工程	改建工程	9 300 000.00		行政楼改建
	研发支出	资本化支出	200 000.00		滴滴香白酒生产专利
	无形资产	土地使用权	20 000 000.00		
		商标权	600 000.00		喜乐牌商标
		专利权	400 000.00		啤酒普通灌装技术
			560 000.00		啤酒无菌灌装技术(2015年1月1日取得)
		小计	21 560 000.00		

（续表）

项目	总　账	明 细 账	余额(借方)	余额(贷方)	备　注
资产	累计摊销	土地使用权		1 566 666.67	
		喜乐牌商标权		235 000.00	
		专利权		104 444.44	啤酒普通灌装技术
				71 555.56	啤酒无菌灌装技术
		小　计		1 977 666.67	
	递延所得税资产	固定资产、 交易性金融资产	29 400.00 600.00		
成本	生产成本	高端瓶装啤酒	4 710.00		
		低端瓶装啤酒	3 730.00		
		罐装啤酒	3 430.00		
		小　计	11 870.00		
负债	短期借款	流动资金借款		300 000.00	建行(2016年9月20日借入,年利率5%,3个月期限)
	应付账款	万兴公司		46 800.00	
		向阳公司		33 200.00	
		小　计		80 000.00	
	应付票据	利丰公司	200 000.00		2016 年 9 月 25 日开出,期限 3 个月
	预收账款	杏花商场		40 000.00	
	应付利息	建行		2 916.67	
	应付职工薪酬	工资		600 000.00	
		职工福利		485 000.00	
		社保基金		60 000.00	
		住房公积金		60 000.00	
		职工教育经费		93 300.00	
		工会经费		120 000.00	
		小　计		1 418 300.00	
	应交税费	应交所得税	300 000.00		预交所得税
		未交增值税		196 405.00	
		应交消费税		49 500.00	
		应交城建税		17 213.35	
		应交教育费附加		7 377.15	
		应交土地使用税		138 890.00	下半年前 5 个月
		应交房产税		66 500.00	下半年前 5 个月
		小 计	300 000.00	475 885.50	
	递延所得税负债			12 000.00	长期股权投资

（续表）

项目	总　账	明细账	余额（借方）	余额（贷方）	备　注
所有者权益	股　本			60 000 000.00	1—11月股本增加5 000 000元
	资本公积			2 300 000.00	1—11月股本溢价320 000元
	盈余公积			320 819.43	1—11月用于职工集体福利20 000.19元
	未分配利润			120 000.00	年初有300 000元未分配利润，公司于3月份向股东分配了180 000元
	本年利润			1 200 000.00	
	小　计			63 940 819.43	
	总　计		70 686 245.27	70 686 245.27	

表1-4　生产车间月初在产品成本

单位：元

项　目	直接材料	直接人工	制造费用	合　计
高端瓶装啤酒	2 550.00	1 900.00	260.00	4 710.00
低端瓶装啤酒	1 860.00	1 650.00	220.00	3 730.00
罐装啤酒	1 750.00	1 500.00	180.00	3 430.00
合　计	6 160.00	5 050.00	660.00	11 870.00

表1-5　产品销售价格表

项　目	销售价格（不含增值税：元/件）	销售价格（不含增值税：元/瓶）
高端瓶装啤酒	54.00	4.50 元/瓶
低端瓶装啤酒	36.00	3 元/瓶
罐装啤酒	144.00	6 元/瓶

表1-6　固定资产明细资料

2016年12月1日

单位：元

部门	大类	明　细	原　值	使用寿命	预计净残值	折旧方法	累计折旧
生产部门	房屋、建筑物	厂房	7 000 000.00	50 年	350 000.00	平均年限法	520 917.00
		仓库	2 700 000.00	50 年	135 000.00	平均年限法	200 925.00
	机器设备	酿造车间	2 100 000.00	20 年	105 000.00	平均年限法	390 687.00
		包装车间	1 900 000.00	20 年	95 000.00	平均年限法	353 479.00
	运输工具	装卸车（4 台，121 750 元/台）	487 000.00	15 年	24 350.00	平均年限法	120 802.00
	电子设备	产品质量检测仪	90 000.00	5 年	4 500.00	双倍余额递减法	77 407.00
		台式电脑（联想 4 台，5 000 元/台）	20 000.00	5 年	1 000.00	双倍余额递减法	17 202.00

（续表）

部门	大类	明　　细	原　　值	使用寿命	预计净残值	折旧方法	累计折旧
行政部门	电子设备	笔记本电脑(联想 5 台，9 600 元/台)	48 000.00	5 年	2 400.00	双倍余额递减法	41 284.00
		台式电脑(联想 27 台，5 000 元/台)	135 000.00	5 年	6 750.00	双倍余额递减法	116 111.00
	运输工具	帕萨特 1 辆	300 000.00	15 年	15 000.00	平均年限法	74 417.00
		东风雪铁龙 1 辆	160 000.00	15 年	8 000.00	平均年限法	39 688.00
		桑塔纳 2000 型 1 辆	140 000.00	15 年	7 000.00	平均年限法	34 729.00
销售部门	电子设备	台式电脑(联想 4 台，5 000 元/台)	20 000.00	5 年	1 000.00	双倍余额递减法	17 202.00
	运输工具	卡车(7 辆，12 000 元/辆)	840 000.00	15 年	42 000.00	平均年限法	208 367.00
合 计			15 940 000.00		797 000.00		2 213 217.00

第 2 章

模拟公司会计业务(文字部分)

2.1 货币资金

2.1.1 实训目的

通过实训,帮助学生巩固和消化货币资金的基本理论知识和会计操作方法,认识和熟悉实际会计工作中常见的货币资金业务,指导学生运用所学知识对货币资金业务进行分析,并完成具体会计操作。

2.1.2 公司制度

1. 出纳负责现金日记账和银行存款日记账的登记。
2. 开户银行为公司核定的库存现金限额为40 000元；现金日记账每日结计发生额和余额,发生现金长、短款按会计准则相关规定进行处理。
3. 银行存款日记账每日结计余额,月末将银行存款日记账余额与银行对账单进行核对,对未达账项编制银行存款余额调节表。
4. 公司内部规定:对营销部和办公室实行定额备用金制度,每年核定一次定额(本年核定的定额为10 000元),按月报销。

2.1.3 实训业务

1. 2016年12月1日,公司从基本存款户提取现金10 000元备用。
2. 2016年12月1日,营销部和办公室分别报销费用16 000元和8 073元。
3. 2016年12月2日,总经理刘立强预借差旅费4 000元,以现金付讫。
4. 2016年12月2日,出纳员发现现金长款50元,原因待查。
5. 2016年12月3日,董事长接待客户,发生接待费用2 000元。
6. 2016年12月4日,公司以银行存款交纳上月增值税196 405元、消费税49 500元、城建税17 213.35元和教育费附加7 377.15元。

7. 2016年12月6日,总经理刘立强出差回来报销差旅费4 500元,以现金补付500元。其中住宿费取得增值税专用发票。

8. 2016年12月8日,公司从基本存款户提取现金24 000元备用。

2.2 往来款项

2.2.1 实训目的

通过实训,帮助学生巩固和消化应收、应付及预收、预付款项的基本理论知识和会计操作方法,认识和熟悉实际会计工作中常见的往来款项业务,指导学生运用所学知识对往来款项业务进行分析,并完成具体会计操作处理。

2.2.2 公司制度

1. 公司按往来单位设置应收、应付账款(或预收、预付账款)明细账;公司每年末对应收账款按5%的历史估计损失率计提资产减值准备;往来款项每季度与对方单位以信函方式核对。

2. 公司对营销部和办公室以外的各部门实行非定额备用金制度。

3. 公司规定,在瓶装啤酒的销售过程中,购货方购货达到1 000件以上(含1 000件)可享受9折优惠,这是公司为促进商品销售而采用的商业折扣销售方式。

2.2.3 实训业务

1. 2016年12月4日,以银行存款偿还前欠万兴公司购料款46 800元。

2. 2016年12月4日,向本市方达连锁有限公司销售高端瓶装啤酒1 500件、低端瓶装啤酒2 000件。增值税专用发票列明:高端瓶装啤酒48.6元/件,售价72 900元,增值税12 393元;低端瓶装啤酒32.4元/件,售价64 800元,增值税11 016元,款项于当日收存银行。

3. 2016年12月5日,收回前进公司前欠销货款及税金35 100元。

4. 2016年12月5日,采购部从云南利丰公司购买澳麦100吨。增值税专用发票列明:买价420 000元,增值税71 400元。利丰公司代垫运费12 000元,取得增值税专用发票。当日向利丰公司开出不带息商业承兑汇票一张,面值504 720元,期限3个月。

5. 2016年12月8日,向本市方达连锁有限公司销售罐装啤酒1 000件。增值税专用发票列明:罐装啤酒144元/件,售价144 000元,增值税24 480元。合同约定的付款条件为:2/10,1/20,n/30。

6. 2016年12月10日,公司决定:星星商场破产后以其破产财产清偿(以银行存款清偿

53 560元)后而无法收回的货款6 440元作为坏账,予以转销。

7. 2016年12月15日,以银行存款补付前欠兴业公司材料款4 000元。

8. 2016年12月18日,本年4月5日确认的利达公司坏账现收回3 000元,存入银行基本存款户。

9. 2016年12月20日,收到方达连锁有限公司支付的前欠货款167 040元。

10. 2016年12月21日,方达连锁有限公司于2016年11月21日开出的商业汇票到期,款项收妥入账。

11. 2016年12月25日,公司于2016年9月25日对利丰公司开出的商业汇票到期,以银行存款支付票款200 000元。

2.3　交易性金融资产

2.3.1　实训目的

通过实训,帮助学生巩固和消化交易性金融资产的初始计量、后续计量、期末计量的基本理论知识和会计处理方法,指导学生能够根据原始凭证熟练进行交易性金融资产的取得及处置、期末公允价值变动、持有期间取得利息和股利等业务的会计处理。

2.3.2　公司制度

1. 公司将持有时间不超过一年、持有是以赚取差价为目的且风险管理要求不高的、从证券市场购入的股票、债券、基金等证券投资定义为交易性金融资产。

2. 交易性金融资产的初始计量和后续计量均采用公允价值。公司于每年的6月30日和12月31日确定公允价值变动损益。

3. 一次还本、分期付息的债券,在付息日前的资产负债表日确认应收利息和投资收益。

2.3.3　实训业务

1. 2016年12月6日,公司从证券市场购入和谊股份公司股票3 000股,每股买价5元,支付交易费用70元。公司将其划分为交易性金融资产。

2. 2016年12月6日,公司将持有的红星股票出售3 000股,每股卖价36元,另支付交易费用400元。

3. 2016年12月6日,公司收到购入森林公司债券时所支付的已到付息期而尚未领取的利息7 000元。

4. 2016年12月7日,公司计划将所持有的森林公司债券出售45%,计提拟出售部分债券的利息并确认投资收益。

5. 2016年12月7日,公司将所持有的森林公司债券出售45%,售价98 000元,另支付交易费用300元。

6. 2016年12月17日,公司从证券市场购入随时准备出售的信发股份公司债券1 000张,每张面值100元,市场价格为102元,票面利率6%,公司支付款项105 500元,其中含交易费用1 000元,利息2 500元。企业将其划分为交易性金融资产。

2.4 存货

2.4.1 实训目的

通过实训,帮助学生巩固和消化关于存货的基本理论知识和会计处理方法,熟悉实际会计工作中的存货业务类型,使学生能够根据原始凭证分析经济业务,掌握存货按实际成本和计划成本计价所涉及的收、发、存业务的会计处理,熟悉营改增后运费的处理。

2.4.2 公司制度

1. 公司的原料及主要材料采用计划成本计价,收入时即结转成本及材料成本差异,发出材料成本在月末集中结转,同时分摊材料成本差异;购入多种材料所发生的运杂费按材料重量比例分配。

2. 其他存货按实际成本计价,管理用周转材料采用一次转销法,发出委托加工物资的材料成本、在建工程领用材料成本按期初结存单位成本确定。

3. 产成品入库时只记数量,入库成本于期末结转,其发出成本采用全月一次加权平均法计价。

4. 存货实行按季清查制度,发生存货盘盈、盘亏按会计准则相关规定进行处理,盘盈、盘亏原料及主要材料按月初材料成本差异率计算实际成本。

2.4.3 实训业务

1. 2016年12月7日,上月从利丰公司购入的澳麦120吨验收入库。

2. 2016年12月8日,从庆谊公司购入大米100吨,增值税专用发票列明:买价3 100元/吨,计310 000元,增值税52 700元。供货方代垫运费10 000元,取得增值税专用发票。款项尚未支付,材料已验收入库。

3. 2016年12月8日,从金星工厂购入甘肃麦100吨、曲靖麦150吨。增值税专用发票列明:甘肃麦买价3 650元/吨,计365 000元,增值税62 050元。曲靖麦买价3 450元/吨,计517 500元,增值税87 975元。供货方代垫运费 35 000元,取得增值税专用发票。款项以银行存款支付,

材料尚未验收入库。(运杂费按材料重量比例分配)

4. 2016年12月9日,从金星工厂购入的甘肃麦100吨、曲靖麦150吨验收入库。

5. 2016年12月10日,酿造车间为生产产品领用原材料。

6. 2016年12月10日,包装车间为生产产品领用周转材料。

7. 2016年12月10日,从光华公司购入啤酒罐30 000个,材料已验收入库,发票账单未到。

8. 2016年12月10日,包装车间报废塑料周转箱20个,无残值。同时从仓库领用新周转箱20个。

9. 2016年12月11日,曲靖麦0.4吨因管理不善发生霉变,待处理。

10. 2016年12月11日,为进行日常维护,酿造车间领用润滑油5千克,包装车间领用润滑油6千克。

11. 2016年12月11日,高端瓶装啤酒入库23 000件,低端瓶装啤酒入库64 000件,罐装啤酒入库8 000件。

12. 2016年12月15日,酿造车间领用工作服60套(含手套),包装车间领用工作服70套(含手套)。

13. 2016年12月16日,为参加省级啤酒节展览,发出包装箱3 000个,委托顺发广告设计公司进行外包装的特殊设计。

14. 2016年12月17日,从顺发广告设计公司购入喜乐牌啤酒商标标签970 000个。取得增值税专用发票,款项以银行存款支付,标签验收入库。

15. 2016年12月18日,从丽都市程宁废旧物资公司收购旧高端啤酒瓶160 000个,旧低端啤酒瓶350 000个。增值税专用发票列明:买价255 000元,增值税43 350元。款项以银行存款支付,酒瓶验收入库。

16. 2016年12月19日,从本市昌盛工厂购入新高端啤酒瓶100 000个,新低端啤酒瓶220 000个,啤酒罐150 000个。增值税专用发票列明:高端啤酒瓶买价0.9元/个,计90 000元,增值税15 300元。低端啤酒瓶买价0.7元/个,计154 000元,增值税26 180元。啤酒罐买价0.7元/个,计105 000元,增值税17 850元。款项以银行存款支付,周转材料验收入库。

17. 2016年12月20日,从丽都市纸箱厂购入包装箱80 000个,增值税专用发票列明:买价240 000元,增值税40 800元。纸箱验收入库,开出为期一个月的商业承兑汇票抵付价税款。

18. 2016年12月20日,从顺发广告设计公司收回委托加工的包装箱验收入库,以银行存款支付设计费用2 500元。

19. 2016年12月22日,酿造车间为生产产品领用原材料。

20. 2016年12月23日,包装车间为生产产品领用周转材料。

21. 2016年12月27日,高端瓶装啤酒入库21 000件,低端瓶装啤酒入库47 000件,罐装啤酒入库6 000件。

2.5 长期股权投资

2.5.1 实训目的

通过实训，帮助学生巩固和消化长期股权投资的基本理论知识和会计处理方法，熟悉基本的长期股权投资业务，指导学生根据原始凭证分析长期股权投资业务并掌握成本法和权益法的具体运用。

2.5.2 公司制度

1. 公司对外投资符合长期股权投资确认条件的，按长期股权投资准则的规定进行初始计量和后续计量。

2. 投资方对被投资方能够实施控制的权益性投资及投资方对被投资方不具有控制、共同控制或重大影响，且不存在活跃市场、公允价值不能可靠计量的权益性投资，采用成本法核算。

3. 投资方对被投资方具有共同控制的权益性投资，以及投资方对被投资方具有重大影响的权益性投资，采用权益法核算。

2.5.3 实训业务

1. 2016年11月1日，公司与玉泉有限责任公司达成共同投资协议，双方出资成立合营企业——龙兴食品加工有限责任公司。注册资本1 200 000元，各占50%。2016年12月5日，公司以银行存款支付投资款600 000元。

2. 2016年12月10日，公司获得和平公司分派的上半年现金股利63 000元。

3. 2016年11月11日，公司与诚晶股份有限公司签订股份转让协议，将所持有的和平股份有限公司股份以每股1.5元的价格转让10%。2016年12月11日，公司办妥转让手续并收到转让价款45 000元存入银行。

4. 2016年12月12日，从一级证券市场购入腾昌股份有限公司股票1 000 000股，每股买价1.5元，另支付交易费用5 000元，拥有腾昌公司30%的股份，并准备长期持有，款项以银行存款支付。当日腾昌公司可辨认净资产公允价值为6 000 000元，净资产的账面价值为5 800 000元。

2.6　固定资产

2.6.1　实训目的

通过实训,帮助学生巩固和消化固定资产的基本理论知识和会计处理方法,了解和熟悉日常经济工作中常见的固定资产业务,指导学生运用所学知识分析固定资产购建、改扩建、处置、折旧等经济业务,掌握其会计处理方法。

2.6.2　公司制度

1. 公司固定资产划分为生产经营用固定资产和非生产经营用固定资产,分别包括房屋建筑物、机器设备、运输工具、电子设备四类。

2. 公司购入、自建、接受投资等方式形成的固定资产,按企业会计准则规定进行初始计量,对符合资本化条件的后续支出按规定予以资本化,符合费用化条件的后续支出于发生时直接计入当期损益。

3. 除电子设备采用双倍余额递减法计提折旧外,其他固定资产均采用平均年限法计提折旧;公司2016年12月1日所拥有固定资产均是公司设立时投入使用的,各项固定资产的净残值率按5%计算。

4. 公司于每年度终了对各项固定资产进行减值测试,若发生减值,则按规定计提减值准备金。

5. 固定资产等长期资产实行按年清查制度,发生盈亏按会计准则相关规定进行处理。

2.6.3　实训业务

1. 2016年12月11日,公司以出包方式建造简易仓库一栋,与海华股份有限公司签订工程协议,仓库总造价200 000元,于开工时支付50%,完工验收合格后支付50%。当日以银行存款支付100 000元。

2. 2016年12月12日,公司从昆明宏利设备公司购入产品质量检测设备一台,增值税专用发票列明:买价250 000元,增值税42 500元,运输费7 500元,取得增值税专用发票,款项以银行存款支付。设备于当日交由便民机电安装公司安装。

3. 2016年12月13日, 公司为部门经理购入联想笔记本电脑5台。取得增值税专用发票,款项以银行存款支付。预计电脑使用寿命5年,采用双倍余额递减法计提折旧,预计净残值率5%。

4. 2016年12月16日,产品质量检测设备安装完毕交付使用,支付便民机电公司安装费6 000元,增值税660元,款项以银行存款支付。

5. 2016年12月16日,公司决定出售管理部门所使用的联想台式电脑5台,原值每台5 000元,已提折旧21 675元(含当月折旧)。

6. 2016年12月17日,改造行政楼从安全电梯厂购入的电梯运达公司,价款400 000元,增值税68 000元,当日由电梯厂投入安装,款项以银行存款支付。

7. 2016年12月19日,售出电脑5台,取得款项5 000元存入银行。

8. 2016年12月20日,向新河房地产开发公司为公司高级技术人员购入住房两套,买价800 000元,以银行存款一次付清价税款。

9. 2016年12月25日,电梯厂在安装电梯过程中领用润滑油30千克。

2.7 无形资产

2.7.1 实训目的

通过实训,帮助学生巩固和消化无形资产的基本理论知识和会计处理方法,认识和熟悉会计工作中常见的无形资产业务,指导学生运用所学知识对无形资产业务进行分析并作出正确的会计处理。

2.7.2 公司制度

1. 公司对使用寿命有限的土地使用权、专利权和商标权等无形资产采用直线法按月摊销,摊销期限按法律规定的期限确定,其中土地使用权为50年,专利权为15年,商标权为10年,无形资产的净残值为零。公司2016年12月初拥有的无形资产除啤酒无菌灌装技术于2015年1月1日投入使用外,其余均于公司设立时投入使用。

2. 无形资产转让时适用6%的增值税税率。

3. 无形资产的研究开发费用按是否符合资本化条件,分别记入“研发支出——费用化支出”和“研发支出——资本化支出”,费用化支出于期末时转入当期损益,资本化支出待开发成功后转入“无形资产”。

4. 公司于每年终了对无形资产进行减值测试,对发生的减值计提减值准备。

2.7.3 实训业务

1. 2016年12月5日,公司向丽都市国有土地交易中心交纳保证金300 000元以备参与土地竞拍,款项以银行存款支付。

2. 2016年12月7日,公司通过竞拍取得一块面积为10亩的土地使用权,准备用于建造一栋仓库和新的生产车间;土地价值3 000 000元,进项税额330 000元,扣除保证金后不足部分以银行存款支付;土地使用权法定期限为50年。

3. 2016年12月17日,公司研发部为研发新产品——滴滴香白酒,购入1 700元的办公用品,以银行存款支付;同日以银行存款支付专家组论证费6 000元。

4. 2016年12月21日,公司为试制新产品——滴滴香白酒,向庆谊公司购入大米1.5吨,3 400元/吨,买价5 100元,增值税867元,款项以银行存款支付。

5. 2016年12月22日,公司研发的滴滴香白酒生产专利申请国家专利,以银行存款支付注册登记费20 000元,预计使用寿命15年。

6. 2016年12月25日,公司将啤酒普通灌装技术出售给贵州大力啤酒有限公司,转让价格为300 000元,价税款收到存入银行基本存款账户。

2.8　职工薪酬

2.8.1　实训目的

通过实训,帮助学生巩固和消化应付职工薪酬的基本理论知识和会计操作方法,认识和熟悉职工薪酬的构成内容,使学生熟练掌握职工薪酬的分配、支付、使用和缴纳等业务的具体处理。

2.8.2　公司制度

1. 根据《企业会计准则第9号——职工薪酬》,职工薪酬包括职工工资、奖金、津贴和补贴,职工福利费、医疗保险费、养老保险费、失业保险费、工伤保险费和生育保险费等社会保险费以及住房公积金、工会经费、职工教育经费等。

2. 公司对职工薪酬的发放、缴纳和使用均按国家相关规定执行。其中:基本养老保险、基本医疗保险中个人和公司承担部分均按职工工资的10%计算(其中基本养老保险8%,基本医疗保险2%),个人承担部分直接从工资中扣除,由公司代扣代交,公司承担部分计入应付职工薪酬。住房公积金职工个人缴纳部分和单位承担部分均按职工月平均工资10%计算。工会经费按2%的比例计提,职工教育经费按1.5%的比例计提。

2.8.3　实训业务

1. 2016年12月3日,职工王丽丽等5人报销继续教育培训费2 000元,以现金付讫。

2. 2016年12月5日,工会组织公司职工开展冬季运动会,报销活动经费9 500元,余款退回。

3. 2016年12月7日,以银行存款支付上月职工工资600 000元,其中代扣职工个人承担的社保基金60 000元(包括基本养老保险、基本医疗保险)和住房公积金60 000元。

4. 2016年12月7日,以银行存款缴纳上月社保基金和住房公积金300 000元。其中:个人承担社保基金60 000元,住房公积金60 000元;公司承担社保基金60 000元,住房公积金

60 000元。

5. 2016年12月8日，因职工刘红波家中发生火灾，公司给予1 000元困难补助，以现金付讫。

6. 2016年12月8日，职工李海强报销探亲路费1 100元，以现金付讫。

2.9 资金筹集

2.9.1 实训目的

通过实训，帮助学生巩固和消化关于负债（主要是银行借款和应付债券）、所有者权益的基本理论知识和会计处理方法，认识和熟悉会计工作中常见的资金筹集业务，指导学生运用所学知识分析资金筹集业务并作出正确的会计处理。

2.9.2 公司制度

1. 公司的短期借款按月计提利息，长期借款和应付债券每半年计提一次利息。
2. 应付债券的利息费用采用实际利率法计算。
3. 符合资本化条件的借款利息予以资本化，不符合资本化条件的借款利息予以费用化。

2.9.3 实训业务

1. 2016年12月16日，公司从开户银行获得期限为3个月的流动资金借款260 000元，年利率5%，利息按月计提，到期一次归还本息。

2. 2016年12月17日，公司增发1 000 000股股票成功，每股面值1元，发行价格为1.2元，证券公司按发行收入的5%扣除发行费用后，将款项存入公司账户。

3. 2016年12月18日，公司从开户银行获得期限为3年的借款1 000 000元，准备用于建造新的生产车间，年利率8%，利息半年计提一次，于每年1月1日支付，本金到期偿还。建造工程计划于2017年1月1日动工。

4. 2016年12月19日，公司接受南方新隆公司投入仓库一栋，评估价3 200 000元。投资协议约定：南方新隆公司享有本公司股份3 000 000股，每股面值1元。

5. 2016年12月19日，公司债券发行成功。债券面值3 000 000元，票面利率6%，发行价格为3 000 000元，期限3年。承销商按发行价格的5‰扣收发行费用。债券利息半年计提一次，于每年12月19日支付，本金到期偿还。发行债券所筹资金用于建造新的生产车间，款项已存入银行。债券发行时的市场利率为6%。建造工程计划于2017年1月1日动工。

6. 2016年12月20日，公司支付开户行短期借款本息303 750元。（2016年9月20日借入300 000元，年利率5%，利息按月计提，已计提利息2 916.67元，未计提利息833.33元）。

2.10　收入、费用和利润

2.10.1　实训目的

通过实训,帮助学生巩固和消化关于收入、费用和利润的基本理论知识和会计处理方法,认识和熟悉实际工作中常见的收入、费用和利润业务,指导学生运用所学知识进行相关经济业务的分析并作出正确的会计处理。

2.10.2　公司制度

1. 公司销售商品适用增值税税率为17%,增值税缴纳时间为次月10日以前。
2. 公司对外提供运输服务,适用的增值税率为11%。
3. 不符合收入确认条件的商品销售,其发出商品成本按月初单位成本计算。
4. 已销商品平时只登记数量,其成本在月末集中结转。
5. 瓶装啤酒销售中采用商业折扣方式(具体规定见实训二)。

2.10.3　实训业务

1. 2016年12月1日,公司向丽都市红杏商场出售高端瓶装啤酒、低端瓶装啤酒、罐装啤酒各1 600件。增值税专用发票注明:高端瓶装啤酒48.6元/件,售价77 760元,增值税13 219.2元;低端瓶装啤酒32.4元/件,售价51 840元,增值税8 812.8元;罐装啤酒144元/件,售价230 400 元,增值税39 168元。公司在销售该批商品时已得知红杏商场资金流发生暂时困难,但为了减少存货积压,同时也为了维持与红杏商场长期以来建立的商业关系,公司仍将商品发出。假定东方啤酒公司销售该批商品的纳税义务已经发生,并已办妥税款托收手续。

2. 2016年12月2日,公司上月向前进公司出售的200件罐装啤酒(144元/件,售价28 800元,增值税4 896元,款项未收)与合同要求的包装不相符,前进公司要求折让5%。当日,收到前进公司税务主管部门出具的折让证明单,本公司同意给予5%的折让,向前进公司出具了红字增值税专用发票。

3. 2016年12月3日,公司向杏花批发商场发出高端瓶装啤酒、低端瓶装啤酒、罐装啤酒各3 500件。增值税专用发票注明:高端瓶装啤酒48.6元/件,售价170 100 元,增值税28 917元;低端瓶装啤酒32.4元/件,售价113 400 元,增值税19 278元;罐装啤酒144元/件,售价504 000元,增值税85 680元。抵减期初预收账款40 000之后,余款向银行办妥托收手续。

4. 2016年12月4日,公司通过丽都市民政局向四川地震灾区捐款60 000元,开出转账支票捐出。

5. 2016年12月5日，公司董事会决定，将高端瓶装啤酒、低端瓶装啤酒、罐装啤酒作为福利发给职工每人各1件。

6. 2016年12月6日，公司为拓展销售市场发生业务招待费9 000元，以现金付讫。

7. 2016年12月7日，公司收到杏花商场补付的款项881 375元存入基本存款账户。

8. 2016年12月7日，公司为产品设计方案向专家进行咨询，以现金支付咨询费及增值税3 000元。

9. 2016年12月8日，公司向本市好又来商场出售高端瓶装啤酒3 000件、低端瓶装啤酒6 000件、罐装啤酒2 100件。增值税专用发票注明：高端瓶装啤酒48.6元/件，售价145 800元，增值税24 786元；低端瓶装啤酒32.4元/件，售价194 400 元，增值税33 048元；罐装啤酒144元/件，售价302 400 元，增值税51 408元。款项已收妥存入基本存款账户。

10. 2016年12月10日，因本年所购甘肃麦积压太多，特向市场出售50吨，开出的增值税专用发票注明单价4 000元/吨，售价为200 000元，增值税34 000元，款项已收妥存入基本存款账户。

11. 2016年12月11日，公司对外提供运输服务，取得收入300 000元，价税款存入基本存款账户。

12. 2016年12月12日，办公室刘明昆明出差回来，报销差旅费600元。出纳以现金支付。

13. 2016年12月20日，公司向丽江市八方批发商场出售高端瓶装啤酒、低端瓶装啤酒、罐装啤酒各6 000件。增值税专用发票注明：高端瓶装啤酒48.6元/件，售价291 600 元，增值税49 572元；低端瓶装啤酒32.4元/件，售价194 400 元，增值税33 048元；罐装啤酒144元/件，售价864 000 元，增值税146 880元，已办妥委托收款手续。因公司车辆均有运输任务，委托北关街物流公司送货，从基本存款账户向北关街物流公司支付运输费100 000元，费用由本公司承担。

14. 2016年12月23日，公司用银行存款支付厂门前卫生罚款1 500元。

15. 2016年12月24日，公司向本市方达连锁有限公司出售高端瓶装啤酒和低端瓶装啤酒各10 000件、罐装啤酒2 000件。增值税专用发票注明：高端瓶装啤酒48.6元/件，售价486 000元，增值税82 620元；低端瓶装啤酒32.4元/件，售价324 000元，增值税55 080元；罐装啤酒144元/件，售价288 000 元，增值税48 960元。款项已收妥存入基本存款账户。

16. 2016年12月28日，公司向本市南平连锁超市出售高端瓶装啤酒10 000件、低端瓶装啤酒20 000件、罐装啤酒4 000件。增值税专用发票注明：高端瓶装啤酒48.6元/件，售价486 000元，增值税82 620元；低端瓶装啤酒32.4元/件，售价648 000元，增值税110 160元；罐装啤酒144元/件，售价576 000 元，增值税97 920元。收到对方开出为期一个月的商业承兑汇票一张，票面金额为2 000 700。

17. 2016年12月29日，公司车队从城北加油站购入汽油4 000升，取得增值税专用发票，用银行存款从基本存款账户支付价税款。

2.11　期末业务

2.11.1　实训目的

通过实训，帮助学生巩固和消化会计要素中涉及期末业务的基本理论知识和会计处理方法,认识、熟悉实际工作中常见的期末经济业务,指导学生运用所学知识分析期末所发生的各种经济业务并作出正确的会计处理。

2.11.2　公司制度

1. 公司产品成本计算采用品种法,在产品采用约当产量法计算成本(按完工程度50%计算),完工产品和在产品分摊同样多的材料费用。

2. 公司的啤酒消费税按每吨250元计交（高端瓶装啤酒0.006吨/件、低端瓶装啤酒0.00744吨/件、罐装啤酒0.00852吨/件),城市维护建设税税率为7%,教育费附加的比例为3%,按季预缴、年终汇算清缴。

3. 土地使用税税率每年每平方米5元,按月计提,分期缴纳,每年分两次分别于1月和7月10日前缴纳。

4. 房产税按月以房屋原值扣除30%后剩余部分的1.2%计提，每年分两次分别于1月和7月10日前缴纳。

5. 对于车间内使用的工程车辆,暂不征收车船税;对于载货汽车按自重每吨60元/年计征车船税,东方啤酒公司7辆卡车每辆自重3吨;对于管理用的3辆小汽车,按每辆360元/年计交车船税。

6. 所得税采用资产负债表债务法核算。公司适用所得税税率为25%。我国税法规定企业的固定资产采用平均年限法计提折旧,其他规定与会计准则规定相同。税法规定企业计提资产减值准备金除应收款项允许按5‰在计算应纳税所得额时扣除外,其他资产减值准备金一律不得扣除。除折旧费、应收款项减值外,1月—11月无其他纳税调整项目。交易性金融资产期末产生的公允价值变动损益,在计算应纳税所得额时允许扣除。公司取得长期股权投资,被投资单位适用所得税率与本公司适用所得税率相同，确认的投资收益允许自应税收益中扣除。公司按季预交所得税并结转,于每季终了后15日内缴纳,年末按全年利润总额和适用所得税税率计算调整,完成所得税的汇算后多退少补。

7. 公司采用账结法核算损益。公司按税后利润的10%和5%计提法定公积金和法定公益金,计提时间为年末。向股东分配利润于次年3月由董事会提出分配方案,经股东大会表决通过后执行。

8. 分配率保留四位小数,固定资产折旧保留整数,其余计算保留两位小数。

2.11.3 实训业务

1. 2016年12月31日,转销12月2日出纳员发现的现金长款50元。月末银行存款日记账和银行对账单核对一致,未发生未达账项。

2. 2016年12月31日,有关交易性金融资产的公允价值如下:和谊股份公司股票每股6元,红星股票每股28元,森林债券每100元市价为115元,信发债券每100元市价为99元。计提森林公司和信发公司债券利息。

3. 2016年12月31日,本月10日从光华公司购入的啤酒罐30 000个,发票账单仍未收到。估计价格为0.7元/个。

4. 2016年12月31日,按处理意见(计入管理费用)转销本月11日发现的因管理不善发生霉变的曲靖麦0.4吨。

5. 2016年12月31日,分配结转本月材料费用。

6. 2016年12月31日,成林有限责任公司全年实现净利润500 000元,按持股比例计算应享有的份额。

7. 2016年12月31日,电梯安装完毕验收合格,以银行存款支付安装费4 000元,增值税680元。同日行政楼改造完工,验收合格交付使用。

8. 2016年12月31日,简易仓库一栋完工,验收合格交付使用,以银行存款支付工程款余款及税款134 000元。

9. 2016年12月31日,计提当月固定资产折旧。

10. 2016年12月31日,结转无形资产的研发支出——费用化支出7 700元。

11. 2016年12月31日,计提无形资产摊销额。

12. 2016年12月31日,分配12月份的工资及计提职工福利费。

13. 2016年12月31日,计提工会经费、职工教育经费。

14. 2016年12月31日,计算公司本月应当为职工缴纳的社保基金和住房公积金。

15. 2016年12月31日,计提短期借款、长期借款和应付债券利息。

16. 2016年12月31日,对期末应收账款计提坏账准备,计提比例5%。除应收账款外,其他资产经减值测试,未出现减值迹象,因此不计提资产减值准备。

17. 2016年12月31日,分配生产车间制造费用,按完工产品产量比例分配。(高端瓶装啤酒完工入库44 000件,在产品800件;低端瓶装啤酒完工入库111 000件,在产品2 000件;罐装啤酒完工入库14 000件,在产品1 000件)。

18. 2016年12月31日,计算结转完工产品成本。(按完工程度50%计算月末在产品成本,在产品与完工产品分摊同样多的材料费用)。

19. 2016年12月31日,计算结转本月已销产品成本。

20. 2016年12月31日,计算结转本月未交增值税。

21. 2016年12月31日,计算结转本月应交消费税、城建税和教育费附加。

22. 2016年12月31日,计算结转本月应交房产税、土地使用税、车船税。

23. 2016年12月31日,计算结转有关损益类账户。

24. 2016年12月31日,计算结转本月应交所得税及递延所得税。

25. 2016年12月31日,计算结转本年实现的净利润。

26. 2016年12月31日,按净利润的10%和5%计提法定盈余公积和法定公益金,结转利润分配有关明细账余额。

2.12　财务报告

2.12.1　实训目的

通过实训,帮助学生熟悉对账、结账等基础工作,巩固和消化有关财务报告的基础理论和编制方法,指导学生熟练掌握资产负债表、利润表的编制方法,了解现金流量表的结构和主要项目的填列方法。

2.12.2　公司制度

1. 会计期末需进行对账,包括账证核对、账实核对和账账核对;然后进行结账。
2. 根据总分类账户及相关会计核算资料编制财务报告。

2.12.3　实训业务

1. 编制资产负债表3-12-1。
2. 编制利润表3-12-2。
3. 编制现金流量表3-12-3。

第 3 章

模拟公司会计业务(原始凭证部分)

实训一　货币资金

中国建设银行
现金支票存根　（滇）

$\frac{E}{0}\frac{X}{2}$ 03202421

附加信息

出票日期 2016 年 12 月 1 日

收款人：东方啤酒公司
金　额：10 000.00 元
用　途：备用

单位主管 张成栋　会计 李　松

图 3-1-1($\frac{1}{1}$)

费　用　报　销　单

报销日期：2016年12月1日　　　　附件15张(略)

费用项目	类　别	金　额	单位负责人（签　章）	李志刚
销售费用	展览费等	16 000.00		
			审查意见	同意报销
		现金付讫		
			报销人	董立飞
报销金额合计		￥16 000.00		
核实金额(大写)：壹万陆仟元整				
借款数：￥10 000.00	应退数		应补金额：￥16 000.00	
列支渠道	展览费等			

审核：张成栋　　　　出纳：陈　芳

图 3-1-2($\frac{1}{4}$)

费 用 报 销 单

报销日期：2016年12月1日 附件1张

费用项目	类 别	金 额	单位负责人（签 章）	李志刚
管理费用	办公费	6 900.00		
应交税费	增值税	1 173.00	审查意见	同意报销
		现金付讫		
			报销人	王秋生
报销金额合计		¥8 073.00		
核实金额(大写)：捌仟零柒拾叁元整				
借款数：¥10 000.00	应退数	应补金额：¥8 073.00		
列支渠道	购买办公用品			

审核：张成栋　　出纳：陈 芳

图 3-1-2($\frac{2}{4}$)

5201896335　　**云南省增值税专用发票**　　№ 52467368

抵扣联

开票日期：2016年11月27日

购货单位	名　　称：东方啤酒公司 纳税人识别号：677856432198769 地 址、电 话：丽都市永顺路 88 号 6885688 开户行及账号：建行丽都市支行 675843218977027				密码区	234312-3-578<1+45*54* 163312><8182*69*08814 加密版本:03 <4<2*1702-8> 8*+<142< /0 4700030030 * 6/5*> > 2-3*0/8> > 256437821	
货物或应税劳务、服务名称	规格型号	单位	数 量	单价	金 额	税率	税 额
笔记本		本	50	28.00	1 400.00		
打印纸		件	50	100.00	5 000.00		
碳素笔		盒	50	25.00	500.00		
合 计					¥6 900.00	17%	¥1 173.00
价税合计(大写)	捌仟零柒拾叁元整			(小写)¥8 073.00			
销货单位	名　　称：云南丽都市华乐文具店 纳税人识别号：467852542256132 地址、电 话：丽都市和平路 36 号 6867522 开户行及账号：工行和平路支行 274000537563228				备注	华乐文具店 发票专用章	

第二联 抵扣联 购货方扣税凭证

收款人：李丽涛　复核：王洪景　开票人：张芳芳　销货单位：(章)

图 3-1-2($\frac{3}{4}$)

5201896335　　**云南省增值税专用发票**　　№ 52467368

发票联

开票日期：2016年11月27日

<table>
<tr><td rowspan="4">购货单位</td><td colspan="5">名　　称：东方啤酒公司
纳税人识别号：677856432198769
地 址、电 话：丽都市永顺路 88 号 6885688
开户行及账号：建行丽都市支行 675843218977027</td><td>密码区</td><td colspan="2">234312-3-578<1+45*54*
163312><8182*69*08814
加密版本:03
<4<2*1702-8> 8*+<142< /0 4700030030
* 6/5*> > 2-3*0/8> >　256437821</td></tr>
</table>

货物或应税劳务、服务名称	规格型号	单位	数 量	单价	金 额	税率	税 额
笔记本		本	50	28.00	1 400.00		
打印纸		件	50	100.00	5 000.00		
碳素笔		盒	50	25.00	500.00		
合　计					¥6 900.00	17%	¥1 173.00
价税合计(大写)	捌仟零柒拾叁元整				(小写)¥8 073.00		

<table>
<tr><td>销货单位</td><td>名　　称：云南丽都市华乐文具店
纳税人识别号：467852542256132
地址、电 话：丽都市和平路 36 号　6867522
开户行及账号：工行和平路支行 274000537563228</td><td>备注</td><td>华乐文具店 发票专用章</td></tr>
</table>

收款人：李丽涛　　复核：王洪景　　开票人：张芳芳　　销货单位：(章)

第三联　发票联　购货方记账凭证

图 3-1-2($\frac{4}{4}$)

借　款　单

2016年12月2日

部　门	总经理办公室	姓　名	刘立强	借款用途	出　差
借款金额	人民币(大写)肆仟元整　现金付讫				(小写)¥4 000.00
实际报销金额		结余金额		负责人审核意见	同意借款 李志刚
		超支金额			
备注				结账日期	2016 年 12 月 2 日

财务主管：张成栋　　会计：李　松　　出纳：陈　芳　　借款人签章：刘立强

图 3-1-3($\frac{1}{1}$)

现金盘点报告表

2016年12月2日

项目	票面	数量	金额	盘点异常及建议事项	
现金盘点报告表	¥100.00	100	10 000.00		
	¥50.00	200	10 000.00		
	¥10.00	150	1 500.00		
	¥5.00	100	500.00		
	¥1.00	40	40.00		
	¥0.50	20	10.00	盘点结果及要点报告	
	¥0.20			盘盈	
	¥0.10				
小计			22 050.00	总经理	财务经理
账面数			22 000.00		
处理结果	盘盈		50.00		
	盘亏				
于 2016 年 12 月 2 日 16 时盘点时本人在场,暂列待处理财产损溢。 保管人:陈芳　　盘点人:陈芳 李松					

盘点人:陈芳 李松　　复核人:张成栋　　核准人:

图 3-1-4($\frac{1}{1}$)

费用报销单

报销日期:2016年12月3日　　附件1张(略)

费用项目	类别	金额	单位负责人(签章)	刘立强
管理费用	业务招待费	2 000.00		
			审查意见	同意报销
		现金付讫		
			报销人	王高平
报销金额合计		¥2 000.00		
核实金额(大写):贰仟元整				
借款数:	应退数		应补金额:¥2 000.00	
列支渠道	招待客户			

审核:张成栋　　出纳:陈芳

图 3-1-5($\frac{1}{1}$)

中华人民共和国
税收通用缴款书　　国
　　号
征收机关：丽都市国税局第一分局

隶属关系：区级
注册类型：股份有限公司　　填制日期：2016年12月4日

缴款单位	代码	677856432198769	预算科目	编码	101010102
	全称	丽都市东方啤酒公司		名称	增值税
	开户银行	中国建设银行丽都市支行		级次	中央 75%地方 25%
	账号	675843218977027	收缴国库		市金库
税款所属时期：2016 年 11 月			税收限缴日期：2016 年 12 月 10 日		

品目名称	课税数量	计税金额	税率或单位税额	已缴或扣除额	实缴金额
增值税		1 835 600.00	17%	115 647.00	196 405.00
金额合计	人民币(大写)壹拾玖万陆仟肆佰零伍元整				196 405.00
缴款单位(盖章) 经办人(章)	税务机关(盖章) 填票人(章)		上列款项已收托并划转国库 2016 年 12 月 4 日		备注：

逾期不缴按税法规定加收滞纳金

图 3-1-6($\frac{1}{5}$)

中华人民共和国
税收通用缴款书　　国
　　号
征收机关：丽都市国税局第一分局

隶属关系：区级
注册类型：股份有限公司　　填制日期：2016年12月4日

缴款单位	代码	677856432198769	预算科目	编码	101010102
	全称	丽都市东方啤酒公司		名称	消费税
	开户银行	中国建设银行丽都市支行		级次	中央 75%地方 25%
	账号	675843218977027	收缴国库		市金库
税款所属时期：2016 年 11 月			税收限缴日期：2016 年 12 月 10 日		

品目名称	课税数量	计税金额	税率或单位税额	已缴或扣除额	实缴金额
消费税	198		250 元/吨		49 500.00
金额合计	人民币(大写)肆万玖仟伍佰元整				49 500.00
缴款单位(盖章) 经办人(章)	税务机关(盖章) 填票人(章)		上列款项已收托并划转国库 2016 年 12 月 4 日		备注：

逾期不缴按税法规定加收滞纳金

图 3-1-6($\frac{2}{5}$)

中　华　人　民　共　和　国　　　　　　　　地

税收通用缴款书　　　　　　　　　　号

征收机关：丽都市地税局第一分局

隶属关系：区级

注册类型：股份有限公司　　　　　　填制日期：2016年12月4日

缴款单位	代码	677856432198769	预算科目	编码	101010102
	全称	丽都市东方啤酒公司		名称	城市维护建设税、教育费附加
	开户银行	中国建设银行丽都市支行		级次	市级 40%区级 60%
	账号	675843218977027	收缴国库		市金库
税款所属时期：2016 年 11 月			税收限缴日期：2016 年 12 月 10 日		

品目名称	课税数量	计税金额	税率或单位税额	已缴或扣除额	实缴金额
城市维护建设税		245 905.00	7%		17 213.35
教育费附加		245 905.00	3%		7 377.15
合　计					24 590.50
金额合计	人民币(大写)贰万肆仟伍佰玖拾元零伍角整				
缴款单位(盖章) 经办人(章)	税务机关(盖章) 填票人(章)		上列款项已收妥并划转国库 2016 年 12 月 4 日		备注：

图 3-1-6($\frac{3}{5}$)

中国建设银行转账支票存根（滇）

$\frac{E}{0}\frac{X}{2}$ 03302531

附加信息

出票日期 2016 年 12 月 4 日

收款人：丽都市国税一分局
金　额：245 905.00 元
用　途：缴纳 11 月增值税、消费税

单位主管 张成栋　会计 李　松

图 3-1-6($\frac{4}{5}$)

中国建设银行转账支票存根（滇）

$\frac{E}{0}\frac{X}{2}$ 03302532

附加信息

出票日期 2016 年 12 月 4 日

收款人：丽都市地税一分局
金　额：24 590.50 元
用　途：缴纳 11 月城建税、教育费附加

单位主管 张成栋　会计 李　松

图 3-1-6($\frac{5}{5}$)

费 用 报 销 单

报销日期：2016年12月6日　　　　附件5张(略4张)

费用项目	类　别	金　额	单位负责人（签　章）	李志刚
管理费用	差旅费	4 432.08		
应交税费	增值税	67.92	审查意见	同意报销
		现金付讫		
			报销人	刘立强
报销金额合计		¥4 500.00		
核实金额(大写)：肆仟伍佰元整				
借款数：¥4 000.00	应退数		应补金额：¥500.00	
列支渠道	招待客户			

审核：张成栋　　　　出纳：陈　芳

图 3-1-7($\frac{1}{3}$)

6202748657　　　　**云南省增值税专用发票**　　　　№ 55683786

抵扣联

开票日期：2016年12月6日

购货单位	名　　称：东方啤酒公司 纳税人识别号：677856432198769 地 址、电 话：丽都市永顺路 88 号 6885688 开户行及账号：建行丽都市支行 675843218977027				密码区	754312-3-578<1+45*54* 163312><8182*69*08814 加密版本:07 <4<2*1702-8> 8*+<142< /0 380207030 * 6/5*> > 2-3*0/8> > 46437873		
货物或应税劳务、服务名称	规格型号	单位	数 量	单价	金 额	税率	税 额	
住宿费		天	3	377.36	1 132.08	6%	67.92	
合　计					¥1 132.08	6%	¥67.92	
价税合计(大写)	壹仟贰佰元整			（小写）¥1 200.00				
销货单位	名　　称：云南新都大酒店 纳税人识别号：767852342256136 地址、电 话：新都市青年路 67 号 8864527 开户行及账号：工行青年路支行 674000534563122				备注	新都大酒店 发票专用章		

第二联 抵扣联 购货方扣税凭证

收款人：王梅丹　　复核：付　彬　　开票人：张丽英　　销货单位：(章)

图 3-1-7($\frac{2}{3}$)

6202748657　　**云南省增值税专用发票**　　№ 55683786

发票联

开票日期：2016年12月6日

购货单位	名　称：东方啤酒公司 纳税人识别号：677856432198769 地 址、电 话：丽都市永顺路 88 号 6885688 开户行及账号：建行丽都市支行 675843218977027			密码区	754312-3-578<1+45*54* 163312><8182*69*08814 加密版本:07 <4<2*1702-8> 8*+<142< /0 380207030 * 6/5*> > 2-3*0/8> >　46437873		
货物或应税劳务、服务名称	规格型号	单位	数量	单价	金额	税率	税额
住宿费		天	3	377.36	1 132.08	6%	67.92
合　计					￥1 132.08	6%	￥67.92
价税合计(大写)	壹仟贰佰元整　　(小写)￥1 200.00						
销货单位	名　称：云南新都大酒店 纳税人识别号：767852342256136 地址、电 话：新都市青年路 67 号　8864527 开户行及账号：工行青年路支行 674000534563122			备注			

收款人：王梅丹　　复核：寸　彬　　开票人：张丽英　　销货单位：(章)

新都大酒店 发票专用章

第三联 发票联 购货方记账凭证

图 3-1-7($\frac{3}{3}$)

中国建设银行
现金支票存根　(滇)

$\frac{E}{0}\frac{X}{2}$ 03202422

附加信息

出票日期 2016 年 12 月 8 日

收款人：	东方啤酒公司
金　额：	24 000.00 元
用　途：	备用

单位主管 张成栋　会计 李　松

图 3-1-8($\frac{1}{1}$)

实训二　往来款项

中国建设银行电汇凭证(回单)

委托日期：2016年12月4日

<table>
<tr><td rowspan="3">汇
款
人</td><td>全 称</td><td>东方啤酒公司</td><td rowspan="3">收
款
人</td><td>全 称</td><td colspan="8">云南万兴公司</td></tr>
<tr><td>账 号</td><td>675843218977027</td><td>账 号</td><td colspan="8">578964234561763</td></tr>
<tr><td>汇出地点</td><td>云南省丽都市</td><td>汇入地点</td><td colspan="8">云南省本土市</td></tr>
<tr><td colspan="2">汇出行名称</td><td>建设银行丽都市支行</td><td colspan="2">汇入行名称</td><td colspan="8">工行大顺支行</td></tr>
<tr><td rowspan="2">金
额</td><td colspan="4" rowspan="2">人民币（大写）肆万陆仟捌佰元整</td><td>十</td><td>万</td><td>千</td><td>百</td><td>十</td><td>元</td><td>角</td><td>分</td></tr>
<tr><td>¥</td><td>4</td><td>6</td><td>8</td><td>0</td><td>0</td><td>0</td><td>0</td></tr>
<tr><td colspan="5" rowspan="2">中国建设银行云南省分行
丽都支行
2016.12.04
转讫
汇出行签章</td><td colspan="3">支付密码</td><td colspan="5"></td></tr>
<tr><td colspan="8">附加信息及用途

复核　　记账</td></tr>
</table>

此联是汇出行给汇款人的回单

图 3-2-1($\frac{1}{1}$)

商品购销合同

合同号:2016-155

甲方(购货方):方达连锁有限公司

乙方(销货方):丽都市东方啤酒公司

本着平等互利的原则,经双方协商,共同订立如下合同:

一、双方必须有合法的营业执照,乙方所供商品必须有合法商标,根据不同商品分别提供生产、经营许可证、注册商标证、产品合格证、进口商品检验证等。

二、甲方向乙方订购以下商品:

序号	商品名称	规格型号	计量单位	数量	单价	金　额
	高端瓶装啤酒		件	1 500	48.60	72 900.00
	低端瓶装啤酒		件	2 000	32.40	64 800.00
	合计					137 700.00

三、到货时间:乙方在10日内发货,货物委托运输公司运输,费用由购货方承担。

四、货款结算:支票结算　　货款享受九折优惠

五、合同一式 贰 份,双方盖章后生效。如违约须赔偿对方损失,按价款 30% 赔款,不可抗力除外。

本合同在履行过程中,若发生纠纷或异议,双方协调解决。

甲方：方达连锁有限公司（方达连锁有限公司 合同专用章）

法人代表：陈玉林

账号：工行城北支行　584000535462345

电话：　6844156

地址：丽都市城北路35号

签约日期：2016年12月1日

乙方：丽都市东方啤酒公司（丽都市东方啤酒公司 合同专用章）

法人代表：王高平

账号：建行丽都市支行　675843218977027

电话：6885688

地址：丽都市永顺路88号

签约日期：2016年12月1日

注:此凭证不作为记账依据

图 3-2-2($\frac{1}{4}$)

5201896335

云南省增值税专用发票

№　00206054

此联不作报销、扣税凭证使用

开票日期：2016年12月4日

购货单位	名　称：方达连锁有限责任公司 纳税人识别号：667852210589476 地 址、电 话：丽都市城北路 35 号 6844156 开户行及账号：工行城北支行 584000535462345	密码区	154312-3-578<1+45*54* 163312><8182*69*08814 加密版本:02 <4<2*1702-8> 8*+<142< /0 570418561 * 6/5*> > 2-3*0/8> > 00206054

货物或应税劳务、服务名称	规格型号	单位	数 量	单价	金 额	税率	税 额
高端瓶装啤酒		件	1 500	48.60	72 900.00	17%	12 393.00
低端瓶装啤酒		件	2 000	32.40	64 800.00	17%	11 016.00
合　计					¥137700.00		¥23 409.00
价税合计(大写)	壹拾陆万壹仟壹佰零玖元整				(小写) ¥161 109.00		

销货单位	名　称：东方啤酒公司 纳税人识别号：677856432198769 地 址、电 话：丽都市永顺路 88 号 6885688 开户行及账号：建行丽都市支行 675843218977027	备注	丽都市东方啤酒公司 发票专用章

收款人：陈　芳　　复核：李　松　　开票人：张　平　　销货单位：(章)

第一联 记账联 销货方记账凭证

图 3-2-2($\frac{2}{4}$)

产 成 品 出 库 单

凭证编号：301204

用途：出售　　2016年12月4日　　产成品库：1号库

类别	编号	名 称	单位	数量	单位成本	总成本	附注：
		高端瓶装啤酒	件	1 500			
		低端瓶装啤酒	件	2 000			
		合 计					

会计：李　松　　保管：王晓兵　　制单：李　森

第三联 记账联

图 3-2-2($\frac{3}{4}$)

中国建设银行进账单（收账通知）3

2016年12月4日　　　　第　　号

出票人	全　称	方达连锁有限公司	收款人	全　称	东方啤酒公司
	账　号	58400053546234		账　号	675843218977027
	开户银行	工行城北支行		开户银行	建行丽都市支行

金额	亿	千	百	十	万	千	百	十	元	角	分
人民币（大写）壹拾陆万壹仟壹佰零玖元整			¥	1	6	1	1	0	9	0	0

票据种类	转账支票	票据张数	1
票据号码	5334856		

单位主管　　会计　　复核　　记账

中国建设银行云南省分行 丽都支行 2016 12 04 转

收款人开户银行盖章
2016 年 12 月 4 日

此联是收款人开户银行交给收款人的收账通知

图 3-2-2($\frac{4}{4}$)

托　收　凭　证（汇款依据或收账通知）4

委托日期：2016年11月29日　　付款期限 2016年12月05日

业务类型	委托收款（□邮划 □电划）			托收承付（□邮划 ☑电划）			
付款人 全称	前进公司			收款人 全称	东方啤酒公司		
付款人 账号	675843215006759			收款人 账号	675843218977027		
付款人 地址	云南省昆明市县	开户行	建行春城支行	收款人 地址	云南省丽都市县	开户行	建行丽都支行

金额	亿	千	百	十	万	千	百	十	元	角	分
人民币（大写）叁万伍仟壹佰元整				¥	3	5	1	0	0	0	0

款项内容	销货款	托收凭据名称	托收承付	附寄单证张数	3 张
商品发运情况	已发运	合同名称号码	2016-137		

备注：

复核　　记账

上列款项已划回收入你方账户内。

中国建设银行云南省分行 丽都支行 2016 12 05 转讫

收款人开户银行签章
2016 年 12 月 5 日

此联是收款人开户银行给收款人的收账通知

图 3-2-3($\frac{1}{1}$)

商品购销合同

合同号：2016–156
甲方(购货方)：丽都市东方啤酒公司
乙方(销货方)：云南利丰公司
本着平等互利的原则，经双方协商，共同订立如下合同：
一、双方必须有合法的营业执照，乙方所供商品必须有合法商标，根据不同商品分别提供生产、经营许可证、注册商标证、产品合格证、进口商品检验证等。
二、甲方向乙方订购以下商品：

序号	商品名称	规格型号	计量单位	数量	单价	金　额
	澳麦		吨	100	4 200.00	420 000.00
	合计					420 000.00

三、到货时间：乙方在 5 日内发货，货物委托运输公司运输，费用由购货方承担。
四、货款结算：不带息商业承兑汇票，期限 3 个月
五、合同一式 贰 份，双方盖章后生效。如违约须赔偿对方损失，按价款 30% 赔款，不可抗力除外。
本合同在履行过程中，若发生纠纷或异议，双方协调解决。

甲方：丽都市东方啤酒公司
法人代表：王高平
账号：建行丽都市 675843218977027
电话：　6885688
地址：丽都市永顺路 88 号
签约日期：2016 年 12 月 4 日

乙方：云南利丰公司
法人代表：王伟力
账号：工行正怀路支行 584000534563126
电话：7864526
地址：顺天市正怀路 56 号
签约日期：2016 年 12 月 4 日

注：此凭证不作为记账依据

图 3–2–4($\frac{1}{6}$)

5301898543　　**云南省增值税专用发票**　　№　25643786

抵扣联　　开票日期：2016年12月5日

购货单位	名　称：东方啤酒公司 纳税人识别号：677856432198769 地 址、电 话：丽都市永顺路88号　6885688 开户行及账号：建行丽都市支行675843218977027			密码区	154312–3–578<1+45*54* 163312><8182*69*08814 加密版本:02 <4<2*1702–8> 8*+<142< /0 4700030030 * 6/5*> > 2–3*0/8> >　25643786			
货物或应税劳务、服务名称	规格型号	单位	数 量	单价	金 额	税率	税　额	
澳　麦		吨	100	4 200.00	420 000.00	17%	71 400.00	
合　计					¥420 000.00		¥71 400.00	
价税合计(大写)	肆拾玖万壹仟肆佰元整				(小写) ¥491 400.00			
销货单位	名　称：云南利丰公司 纳税人识别号：667852342256135 地 址、电 话：顺天市正怀路56号　7864526 开户行及账号：工行正怀路支行 584000534563126			备注				

第二联　抵扣联　购货方扣税凭证

收款人：徐海涛　　复核：陈　洪　　开票人：张永平　　销货单位：(章)

图 3–2–4($\frac{2}{6}$)

5301898543　　**云南省增值税专用发票**　　№　25643786

发票联

开票日期：2016年12月5日

购货单位	名　称：东方啤酒公司 纳税人识别号：677856432198769 地 址、电 话：丽都市永顺路88号 6885688 开户行及账号：建行丽都市支行675843218977027	密码区	154312-3-578<1+45*54* 163312><8182*69*08814 加密版本:02 <4<2*1702-8> 8*+<142< /0 4700030030 * 6/5*> > 2-3*0/8> > 25643786

货物或应税劳务、服务名称	规格型号	单位	数量	单价	金额	税率	税额
澳　麦		吨	100	4 200.00	420 000.00	17%	71 400.00
合　计					￥420 000.00		￥71 400.00
价税合计(大写)	肆拾玖万壹仟肆佰元整				（小写）￥491 400.00		

销货单位	名　称：云南利丰公司 纳税人识别号：667852342256135 地 址、电 话：顺天市正怀路56号　7864526 开户行及账号：工行正怀路支行 584000534563126	备注	云南利丰有限责任公司 发票专用章

收款人：徐海涛　　复核：陈　洪　　开票人：张永平　　销货单位：（章）

第三联 发票联 购货方记账凭证

图 3-2-4($\frac{3}{6}$)

商 业 承 兑 汇 票（存根）3

汇票号码 6854631

出票日期(大写)　贰零壹陆年壹拾贰月零伍日

付款人	全　称	东方啤酒公司	收款人	全　称	云南利丰公司
	账　号	675843218977027		账　号	58400053563126
	汇出地点	建行丽都市支行		汇入地点	顺天市工行正怀路支行

出票金额	人民币(大写) 伍拾万零肆仟柒佰贰拾元整	百	十	万	千	百	十	元	角	分
		￥	5	0	4	7	2	0	0	0

汇票到期日(大写)	贰零壹柒年零叁月零伍日	付款人开户行	行号	2410
交易合号码	2016-156		地址	丽都市槐桦路 25 号
备注		丽都市东方啤酒公司 8700507788 出票人：王尚[illegible]		

此联由出票人存查

图 3-2-4($\frac{4}{6}$)

5301898543　　　　**云南省增值税专用发票**　　　　№　35743581

抵扣联

开票日期：2016年12月5日

购货单位	名称：东方啤酒公司 纳税人识别号：677856432198769 地址、电话：丽都市永顺路88号 6885688 开户行及账号：建行丽都市支行675843218977027				密码区	354312-3-578<1+45*54* 163312><8182*69*08814 <4<2*1702-8> 8*+<142< /0 5701230048 * 6/5*> > 2-3*0/8> > 56437		
货物或应税劳务、服务名称	规格型号	单位	数量	单价	金额	税率	税额	
运　费					12 000.00	11%	1 320.00	
合　计					￥12 000.00	11%	￥1 320.00	
价税合计(大写)	壹万叁仟叁佰贰拾元整				（小写）￥13 320.00			
销货单位	名称：顺天市运输公司 纳税人识别号：677855662314987 地址、电话：顺天市前进路27号　2864526 开户行及账号：工行前进路支行 774000534563129				备注	顺天市运输公司 发票专用章		

收款人：李丽涛　　复核：王洪景　　开票人：张芳芳　　销货单位：（章）

第二联　抵扣联　购货方扣税凭证

图 3-2-4($\frac{5}{6}$)

5301898543　　　　**云南省增值税专用发票**　　　　№　35743581

发票联

开票日期：2016年12月5日

购货单位	名称：东方啤酒公司 纳税人识别号：677856432198769 地址、电话：丽都市永顺路88号 6885688 开户行及账号：建行丽都市支行675843218977027				密码区	354312-3-578<1+45*54* 163312><8182*69*08814 <4<2*1702-8> 8*+<142< /0 5701230048 * 6/5*> > 2-3*0/8> > 56437		
货物或应税劳务、服务名称	规格型号	单位	数量	单价	金额	税率	税额	
运　费					12 000.00	11%	1 320.00	
合　计					￥12 000.00	11%	￥1 320.00	
价税合计(大写)	壹万叁仟叁佰贰拾元整				（小写）￥13 320.00			
销货单位	名称：顺天市运输公司 纳税人识别号：677855662314987 地址、电话：顺天市前进路27号　2864526 开户行及账号：工行前进路支行 774000534563129				备注	顺天市运输公司 发票专用章		

收款人：李丽涛　　复核：王洪景　　开票人：张芳芳　　销货单位：（章）

第三联　发票联　购货方记账凭证

图 3-2-4($\frac{6}{6}$)

商品购销合同

合同号:2016-157
甲方(购货方):方达连锁有限公司
乙方(销货方):丽都市东方啤酒公司
本着平等互利的原则,经双方协商,共同订立如下合同:
一、双方必须有合法的营业执照,乙方所供商品必须有合法商标,根据不同商品分别提供生产、经营许可证、注册商标证、产品合格证、进口商品检验证等。
二、甲方向乙方订购以下商品:

序号	商品名称	规格型号	计量单位	数量	单价	金　额
	罐装啤酒		件	1 000	144.00	144 000.00
	合计					144 000.00

三、到货时间:乙方在10日内发货并送货上门。
四、货款结算:付款条件(2/10,1/20,n/30,购货方应支付的进项税额不享受折扣)
五、合同一式 贰 份,双方盖章后生效。如违约须赔偿对方损失,按价款 30% 赔款,不可抗力除外。
本合同在履行过程中,若发生纠纷或异议,双方协调解决。

甲方:方达连锁有限公司
法人代表:陈玉林
账号:工行城北支行 584000535462345
电话:6844156
地址:丽都市城北路35号
签约日期:2016年12月4日
（印章：方达连锁有限公司 合同专用章）

乙方:丽都市东方啤酒公司
法人代表:王高平
账号:建行丽都市支行 675843218977027
电话:6885688
地址:丽都市永顺路88号
签约日期:2016年12月4日
（印章：丽都市东方啤酒公司 合同专用章）

注:此凭证不作为记账依据

图 3-2-5($\frac{1}{3}$)

5201896335

云南省增值税专用发票

№ 00206055

此联不作报销、扣税凭证使用　　开票日期:2016年12月8日

购货单位	名　称:方达连锁有限责任公司 纳税人识别号:667852210589476 地址、电话:丽都市城北路 35 号 6844156 开户行及账号:工行城北支行 584000535462345	密码区	154312-3-578<1+45*54* 163312><8182*69*08814 加密版本:02 <4<2*1702-8> 8*+<142< /0 570418561 * 6/5*> > 2-3*0/8> > 00206057

货物或应税劳务、服务名称	规格型号	单位	数量	单价	金额	税率	税额
罐装啤酒		件	1 000	144.00	144 000.00	17%	24 480.00
合　计					￥144 000.00		￥24 480.00
价税合计(大写)	壹拾陆万捌仟肆佰捌拾元整				(小写)￥168 480.00		

销货单位	名　称:东方啤酒公司 纳税人识别号:677856432198769 地址、电话:丽都市永顺路 88 号 6885688 开户行及账号:建行丽都市支行 675843218977027	备注	（印章：丽都市东方啤酒公司 发票专用章）

收款人:陈　芳　　复核:李　松　　开票人:张　平　　销货单位:(章)

第一联　记账联　销货方记账凭证

图 3-2-5($\frac{2}{3}$)

产成品出库单

凭证编号：301206

用途：出售　　2016年12月8日　　产成品库：1号库

类别	编号	名称	单位	数量	单位成本	总成本	附注：
		罐装啤酒	件	1 000			
合计							

第三联　记账联

会计：李　松　　保管：王晓兵　　制单：李　森

图 3-2-5($\frac{3}{3}$)

关于东方啤酒公司2016年第六次临时股东大会法律意见书

致:东方啤酒公司

云南吴庆功律师事务所(以下简称“本所”)接受东方啤酒公司(以下简称“公司”)的委托,指派方晓晓律师出席公司2016年第六次临时股东大会(以下简称“本次大会”)。本所律师依据《中华人民共和国公司法》、《中华人民共和国证券法》、《上市公司股东大会规则》、公司章程以及律师行业公认的业务标准,对公司本次股东大会的召集和召开程序、出席会议人员的资格、表决方式、表决程序的合法性、有效性,进行了认真的审查,现出具法律意见如下:

一、本次股东大会的召集、召开程序

公司董事会决定于2016年12月10日召开公司2016年第六次临时股东大会,于2016年12月2日在《中国证券报》、《证券时报》上刊登了本次大会的通知,本次大会于2016年12月10日上午9:00在云南省丽都市正北路16号金银大酒店6楼会议厅召开。经验证,本所律师认为本次大会召开的时间、地点、会议内容与公告一致。本次大会召集、召开程序符合法律、法规及公司章程的相关规定。

二、出席本次大会人员及本次大会召集人的资格

出席本次大会现场会议的股东及股东代理人共4人,代表股份8 500 000股,占公司股本总额的14%,经本所律师查验和核对出席会议的股东姓名、持股数量与《股东名册》记载一致,股东代理人均提交了相关的授权文件,本所律师认为上述出席会议的股东及股东代理人资格均合法有效。公司部分董事、监事、高级管理人员等亦出席了会议。本次股东大会的召集人为公司董事会,召集人的资格合法有效。

三、本次股东大会提出新议案

经方晓晓律师见证,本次股东大会提出新议案

《关于申请核销坏账准备的议案》之表决结果如下:

本次股东大会以39 000 000股,占出席本次股东大会的股东及股东代表(或代理人)所持表决权的65%赞成,通过《关于申请核销坏账准备的议案》

四、本次股东大会的表决程序

经方晓晓律师见证,本次股东大会现场投票采用记名方式表决了会议通知中列明的议案,并按《股东大会规则》的规定由各股东代表和方晓晓律师共同进行了监票和计票,以上各项议案取得了出席本次股东大会的股东及股东代表(或代理人)所持表决权的半数以上通过,以上议案的表决方式、表决程序符合有关法律规定。

五、结论意见

签于上述事实,本所律师认为:公司本次股东大会的召开、召集,会议出席人员及会议召集人的资格和表决程序符合法律、法规和公司章程的规定,大会对议案的表决程序合法有效。

云南吴庆功律师事务所

经办律师：方晓晓

二〇一六年十二月八日

图 3-2-6($\frac{1}{5}$)

企业法人破产还债申请书

申　请　人：东方啤酒公司
地　　　址：丽都市永顺路88号
法定代表人：王高平　　职务：董事长　　电话：13708750033
被 申 请 人：星星商场
地　　　址：丽都市正南路12号
法定代表人：王小平　　职务：总经理　　电话：13387561233

请求事项：

依法宣告被申请人破产，并以其财产清偿所欠申请人债务

事实与理由：

自2015年始，被申请人先后从申请人处购买啤酒，价值近60 000元，但因被申请人经营管理不善、产品滞销等原因，被申请人一直未能给付申请人上述货款。2016年7月，被申请人提出如果2016年9月底仍不能给付部分货款，即以其存货及固定资产清偿债务，并向申请人提交了《存货及固定资产明细表》。2016年9月，被申请人再次表示无力还债。据了解，被申请人目前已长期停业，并拖欠其他债务近120万元，而被申请人目前资产仅为90万元，不能清偿到期债务已呈连续状态。为避免国有资产继续流失，依据《民事诉讼法》第199条规定，特向你院申请债务人破产还债，并申报债权计人民币 60 000元。

此致

丽都市中级人民法院

(印章：丽都市东方啤酒公司 合同专用章)

申请人：东方啤酒公司
法定代表人：王高平
2016年12月2日

图 3-2-6($\frac{2}{5}$)

中国建设银行进账单（收账通知）3

2016年12月10日　　　　第　　号

<table>
<tr><td rowspan="3">出票人</td><td>全　称</td><td>星星商场</td><td rowspan="3">收款人</td><td>全　称</td><td colspan="11">东方啤酒公司</td></tr>
<tr><td>账　号</td><td>584000535123654</td><td>账　号</td><td colspan="11">675843218977027</td></tr>
<tr><td>开户银行</td><td>工行城北支行</td><td>开户银行</td><td colspan="11">建行丽都市支行</td></tr>
<tr><td rowspan="2">金额</td><td colspan="4" rowspan="2">人民币(大写) 伍万叁仟伍佰陆拾元整</td><td>亿</td><td>千</td><td>百</td><td>十</td><td>万</td><td>千</td><td>百</td><td>十</td><td>元</td><td>角</td><td>分</td></tr>
<tr><td></td><td></td><td></td><td>¥</td><td>5</td><td>3</td><td>5</td><td>6</td><td>0</td><td>0</td><td>0</td></tr>
<tr><td colspan="2">票据种类</td><td>转账支票</td><td>票据张数</td><td>1</td><td colspan="11" rowspan="3">(印章：中国建设银行云南省分行 丽都支行 2016 12 10 转讫)
收款人开户银行盖章
2016 年 12 月 10 日</td></tr>
<tr><td colspan="2">票据号码</td><td colspan="3">8374643</td></tr>
<tr><td colspan="5">单位主管　　会计　　复核　　记账</td></tr>
</table>

此联是收款人开户银行交给收款人的收账通知

图 3-2-6($\frac{3}{5}$)

丽都市中级人民法院

(2016)执监字第156号

丽都市东方啤酒公司：

被申请人星星商场于2016年12月5日作出裁定，宣告该公司破产还债。经清算组清算，该公司全部破产财产变现后，按破产清算顺序，除支付优先股拨付的破产费用和职工生活费外剩余债权总额为25万元，按比例你们获得53 560元破产债权。未清偿债权不再清偿。

此复

丽都市中级人民法院
2016年12月5日

图 3-2-6($\frac{4}{5}$)

公告编号：临2016—043

东方啤酒公司五届十七次董事会决议公告

本公司及董事会全体成员保证公告内容的真实、准确和完整，没有虚假记载、误导性陈述或者重大遗漏。

东方啤酒公司五届十七次董事会会议通知于2016年12月6日，以书面、传真方式发给公司10名董事，会议于2016年12月8日在公司五楼会议室召开。应到董事10人，实到董事9人，1名董事办理了委托，李小三独立董事委托杨力独立董事代其出席会议行使表决权，并在董事会决议上签字，符合《中华人民共和国公司法》和本公司章程的有关规定。会议由公司董事长王高平先生主持，公司监事、部分高管人员列席了本次会议。经审议，到会董事一致通过了如下决议：

会议以10票同意、0票反对、0票弃权的表决结果，审议通过了《关于公司核销坏账的议案》：

公司对因对方单位破产且核查无法回收的应收账款进行核销，本次核销的坏账金额为6 440元，已计提坏账准备6 440元。

本次坏账的核销，优化了公司资产的质量，降低了日后的收账成本，利于公司的长远发展。本次核销坏账不涉及关联交易。

本议案尚须公司2016年第六次股东大会审议批准。

东方啤酒公司董事会
二〇一六年十二月八日

图 3-2-6($\frac{5}{5}$)

中国建设银行
转账支票存根　(滇)

$\frac{E}{0}\frac{X}{2}$ 03302544

附加信息

出票日期　2016 年 12 月 15 日

收款人：兴业公司
金　额：4 000.00 元
用　途：支付材料款

图 3-2-7($\frac{1}{1}$)

中国建设银行信汇凭证（收账通知）

委托日期　2016年12月13日

汇款人	全　称	利达公司	收款人	全　称	东方啤酒公司
	账　号	578664231567892		账　号	675843218977027
	汇出地点	云南省大兴市		汇入地点	云南省丽都市
汇出行名称		工行大兴支行	汇入行名称		建设银行丽都市支行
金额	人民币(大写)叁仟元整			十 万 千 百 十 元 角 分	¥ 3 0 0 0 0 0
中国建设银行云南省分行 丽都支行 2016 12 18 转讫 汇入行签章				支付密码	
				附加信息及用途 复核　　记账	

此联是汇入行给收款人的收账通知

图 3-2-8($\frac{1}{2}$)

关于已确认利达公司坏账部分收回情况说明

2016年4月5日，东方啤酒公司经核实后已确认利达公司坏账33 000元，现收回3 000元。特此说明。

东方啤酒公司 业务专用章

营销部：董立飞
财务部：张成栋
2016年12月18日

图 3-2-8($\frac{2}{2}$)

中国建设银行进账单（收账通知）3

2016年12月20日　　　　第　　号

出票人	全　称	方达连锁有限公司	收款人	全　称	东方啤酒公司
	账　号	584000535462345		账　号	675843218977027
	开户银行	工行城北支行		开户银行	建行丽都市支行
金额	人民币(大写) 壹拾陆万柒仟零肆拾元整			亿 千 百 十 万 千 百 十 元 角 分	¥ 1 6 7 0 4 0 0 0
票据种类	转账支票	票据张数	1		
票据号码	7455336			中国建设银行云南省分行 丽都支行 2016 12 20 转讫 收款人开户银行盖章 2016 年 12 月 20 日	
单位主管　会计　复核　记账					

此联是收款人开户银行交给收款人的收账通知

图 3-2-9($\frac{1}{1}$)

商业承兑汇票（收账通知）2

出票日期(大写)贰零壹陆年壹拾壹月贰拾壹日　　汇票号码　7855313

付款人	全　称	方达连锁有限责任公司	收款人	全　称	东方啤酒公司								
	账　号	584000535462345		账　号	675843218977027								
	汇出地点	工行城北支行		汇入地点	建行丽都市支行								
出票金额		人民币(大写)壹拾陆万伍仟伍佰零玖元贰角柒分			百	十	万	千	百	十	元	角	分
					¥	1	6	5	5	0	9	2	7
汇票到期日(大写)		贰零壹陆年壹拾贰月贰拾壹日	付款人开户行	行号	3211								
交易合号码		2016-141		地址	丽都市城北路 171 号								
备注			出票人：陈玉林										

此联收款人作收账通知附件

（印章：方达连锁有限公司 815015244）

图 3-2-10($\frac{1}{2}$)

中国建设银行进账单（收账通知）3

2016年12月21日　　　　第　　号

出票人	全　称	方达连锁有限责任公司		收款人	全　称	东方啤酒公司										
	账　号	584000535462345			账　号	675843218977027										
	开户银行	工行城北支行			开户银行	建行丽都市支行										
出票金额	人民币(大写)壹拾陆万伍仟伍佰零玖元贰角柒分					亿	千	百	十	万	千	百	十	元	角	分
								¥	1	6	5	5	0	9	2	7
票据种类		商业承兑汇票	票据张数	1												
票据号码		7855313														
单位主管　　会计　　复核　　记账					收款人开户银行盖章 2016 年 12 月 20 日											

此联是收款人开户银行交给收款人的收账通知

（印章：中国建设银行云南省分行 丽都支行 2016.12.20 转讫）

图 3-2-10($\frac{2}{2}$)

商业承兑汇票（存根）3

汇票号码6854622

出票日期(大写)　贰零壹陆年玖月贰拾伍日

付款人	全　称	东方啤酒公司	收款人	全　称	云南利丰公司
	账　号	675843218977027		账　号	58400053563126
	汇出地点	建行丽都市支行		汇入地点	顺天市工行正怀路支行

出票金额	人民币(大写)　贰拾万元整	百	十	万	千	百	十	元	角	分
		¥	2	0	0	0	0	0	0	0

汇票到期日(大写)	贰零壹陆年壹拾贰月贰拾伍日	付款人开户行	行号	2410
交易合号码	2016-133		地址	丽都市[illegible]路25号

备注

丽都市东方啤酒公司
8700507788

出票人：王高平

此联由出票人存查

图 3-2-11($\frac{1}{2}$)

托　收　凭　证（付款通知）5

委托日期：2016年12月20日　付款期限 2016年12月25日

业务类型	委托收款(□邮划 □电划)		托收承付(□邮划 ☑电划)		
付款人 全称	东方啤酒公司		收款人 全称	云南利丰公司	
付款人 账号	675843218977027		收款人 账号	58400053563126	
付款人 地址	云南省 丽都市 县	开户行：建行丽都支行	收款人 地址	云南省 顺天市 县	开户行：工行正怀路支行

金额	人民币(大写)　贰拾万元整	亿	千	百	十	万	千	百	十	元	角	分
				¥	2	0	0	0	0	0	0	0

款项内容	汇票到期款	托收凭据名称	托收承付	附寄单证张数	2张
商品发运情况	已发运	合同名称号码			

备注：
付款人开户银行收到日期
2016年12月25日

复核　　　记账

中国建设银行云南省分行
丽都支行
2016.12.25
转

付款人开户银行签章
2016年12月25日

付款人注意：
1. 根据支付结算办法，上列委托收款(托收承付)款项在付款期限未提出拒付，即视为同意付款，以此代付款通知。
2. 如需提出全部或部分拒付，应在规定期限内，将拒付理由书并附债务证明退交开户银行。

此联付款人开户银行给付款人按期付款通知

图 3-2-11($\frac{2}{2}$)

实训三　交易性金融资产

新发证券丽都营业部买入交割凭证

成交日期	2016.12.6	证券名称	533146 和谊股票
资金账号	675840051679213	成交数量	3 000
股东代码	17816	成交净价	5.00
股东姓名	东方啤酒公司	成交金额	15 000.00
席位代码	66036	实收佣金	70.00
申请编号	54712	印花税	0.00
申报时间	13:53:46	过户费	0.00
成交时间	13:54:50	附加费	0.00
单位利息		结算价格	15 070.00
成交编号	50178	实付金额	15 070.00
上次资金		本次资金	15 070.00
上次余股		本次余股	3 000
委托来源		打印日期	2016.12.6

图 3-3-1($\frac{1}{1}$)

新发证券丽都营业部卖出交割凭证

成交日期	2016.12.6	证券名称	666166 红星股票
资金账号	675840051679213	成交数量	3 000
股东代码	17816	成交净价	36.00
股东姓名	东方啤酒公司	成交金额	108 000.00
席位代码	66036	实收佣金	292.00
申请编号	64816	印花税	108.00
申报时间	14:42:46	过户费	0.00
成交时间	14:46:50	附加费	0.00
单位利息		结算价格	107 600.00
成交编号	52156	实收金额	107 600.00
上次资金	300 000.00	本次资金	107 600.00
上次余股	10 000	本次余股	7 000
委托来源		打印日期	2016.12.6

图 3-3-2($\frac{1}{1}$)

新发证券丽都营业部利息清单

成交日期	2016.07.06	证券名称	58867森林债券
成交时间	10:25:36	发行时间	2016.01.01
资金账号	675840051679213	利息起讫时间	2016.01.01—2016.06.30
股东代码	17816	成交数量	2 000
股东姓名	东方啤酒公司	面值	200 000.00
席位代码	66036	票面利息	7%
成交编号	37568	利息	7 000.00
委托来源		打印日期	2016.12.6

(印章：新发证券有限责任公司 业务专用章)

图 3-3-3($\frac{1}{2}$)

中国建设银行进账单（收账通知）3

2016年12月6日　　　　第　　号

<table>
<tr><td rowspan="3">出票人</td><td>全　称</td><td>森林股份有限公司</td><td rowspan="3">收款人</td><td>全　称</td><td colspan="11">东方啤酒公司</td></tr>
<tr><td>账　号</td><td>675843213546798</td><td>账　号</td><td colspan="11">675843218977027</td></tr>
<tr><td>开户银行</td><td>建行丽都市支行</td><td>开户银行</td><td colspan="11">建行丽都市支行</td></tr>
<tr><td rowspan="2">金额</td><td colspan="4" rowspan="2">人民币(大写) 柒仟元整</td><td>亿</td><td>千</td><td>百</td><td>十</td><td>万</td><td>千</td><td>百</td><td>十</td><td>元</td><td>角</td><td>分</td></tr>
<tr><td></td><td></td><td></td><td></td><td>¥</td><td>7</td><td>0</td><td>0</td><td>0</td><td>0</td><td>0</td></tr>
<tr><td colspan="2">票据种类</td><td>转账支票</td><td>票据张数</td><td>1</td><td colspan="11" rowspan="3">中国建设银行云南省分行 丽都支行 2016.12.06 转讫
收款人开户银行盖章
2016 年 12 月 6 日</td></tr>
<tr><td colspan="2">票据号码</td><td colspan="3">6354766</td></tr>
<tr><td colspan="5">单位主管　　会计　　复核　　记账</td></tr>
</table>

此联是收款人的开户银行交给收款人的收账通知

图 3-3-3($\frac{2}{2}$)

交易性金融资产(债券)应收利息计算表

2016 年 12 月 7 月

交易性金融资产	数　量	面　值	利　率	利息起讫时间	利　息
森林债券	900	90 000	7%		

图 3-3-4($\frac{1}{1}$)

新发证券丽都营业部卖出交割凭证

成交日期	2016.12.7	证券名称	58867森林债券
资金账号	675840051679213	成交数量	900
股东代码	17816	面值	90 000.00
股东姓名	东方啤酒公司	成交金额	98 000.00
席位代码	66036	实收佣金	202.00
申请编号	67894	印花税	98.00
申报时间	14:25:26	过户费	0.00
成交时间	14:30:15	附加费	0.00
单位利息		结算价格	97 700.00
成交编号	87561	实收金额	97 700.00
上次资金	215 000.00	本次资金	97 700.00
上次数量	2 000	本次数量	900
委托来源		打印日期	2016.12.7

图 3-3-5($\frac{1}{2}$)

交易性金融资产投资损益计算单

2016 年 12 月 7 月

交易性金融资产	售　价	账　面　余　额		应收股利/实收利息	投资损益
		成　本	公允价值变动		
森林债券					

图 3-3-5($\frac{2}{2}$)

新发证券丽都营业部买入交割凭证

成交日期	2016.12.17	证券名称	4556信发债券
资金账号	675840051679213	成交数量	1 000
股东代码	17816	成交净价	102.00
股东姓名	东方啤酒公司	成交金额	102 000.00
席位代码	66036	实收佣金	1 000.00
申请编号	87564	印花税	0.00
申报时间	10:53:26	过户费	0.00
成交时间	10:54:50	附加费	0.00
单位利息		结算价格	103 000.00
成交编号	53221	实付金额	105 500.00
上次资金		本次资金	105 500.00
上次数量		本次数量	1 000
委托来源		打印日期	2016.12.17

图 3-3-6($\frac{1}{1}$)

实训四　存　　货

收　料　单

材料科目：原材料

材料类别：原料及主要材料　　　　5346001

供应单位：利丰公司

发票号码：22254678　　　　2016年12月7日　　　　收料仓库:材料仓库

<table>
<tr><td rowspan="3">材料名称</td><td rowspan="3">计量单位</td><td colspan="2">数量</td><td colspan="5">实际成本</td><td colspan="2">计划成本</td><td rowspan="3">材料成本差异</td></tr>
<tr><td rowspan="2">应收</td><td rowspan="2">实收</td><td colspan="2">买价</td><td rowspan="2">运杂费</td><td rowspan="2">合计</td><td rowspan="2">单位成本</td><td rowspan="2">单价</td><td rowspan="2">金额</td></tr>
<tr><td>单价</td><td>金额</td></tr>
<tr><td>澳麦</td><td>吨</td><td>120</td><td>120</td><td>4 200</td><td>504 000.00</td><td>12 000.00</td><td>516 000.00</td><td>4 300.00</td><td>4 300</td><td>516 000.00</td><td></td></tr>
<tr><td></td><td></td><td></td><td></td><td></td><td></td><td></td><td></td><td></td><td></td><td></td><td></td></tr>
<tr><td>合计</td><td></td><td></td><td></td><td></td><td>504 000.00</td><td>12 000.00</td><td>516 000.00</td><td></td><td></td><td>516 000.00</td><td></td></tr>
<tr><td>备注</td><td colspan="11"></td></tr>
</table>

第三联 记账联

记账：段自立　　　　收料：陈　涛　　　　制单：杨志亮

图 3-4-1($\frac{1}{1}$)

商品购销合同

合同号：2016-158

甲方(购货方)：丽都市东方啤酒公司

乙方(销货方)：云南庆谊公司

本着平等互利的原则,经双方协商,共同订立如下合同：

一、双方必须有合法的营业执照,乙方所供商品必须有合法商标,根据不同商品分别提供生产、经营许可证、注册商标证、产品合格证、进口商品检验证等。

二、甲方向乙方订购以下商品：

序号	商品名称	规格型号	计量单位	数量	单价	金 额
	大米		吨	100	3 100.00	310 000.00
	合计					310 000.00

三、到货时间:乙方在10日内发货,货物委托运输公司运输,费用由购货方承担。

四、货款结算:验货后25日内付款。

五、合同一式 贰 份,双方盖章后生效。如违约须赔偿对方损失,按价款 30% 赔款,不可抗力除外。本合同在履行过程中,若发生纠纷或异议,双方协调解决。

甲方:丽都市东方啤酒公司	乙方:云南庆谊公司
法人代表：王高平	法人代表：夏 梅
账号：建行丽都市支行675843218977027	账号：工行正怀路支行 584000586543213
电话：6885688	电话：6578321
地址：丽都市永顺路88号	地址：江城市正怀路78号
签约日期：2016年12月5日	签约日期：2016年12月5日

注:此凭证不作为记账依据

图 3-4-2($\frac{1}{6}$)

6013985821

云南省增值税专用发票

抵扣联

№ 25643787

开票日期：2016年12月8日

购货单位	名 称：东方啤酒公司 纳税人识别号：677856432198769 地 址、电 话：丽都市永顺路 88 号 6885688 开户行及账号：建行丽都市支行 675843218977027	密码区	154312-3-578<1+45*54* 163312><8182*69*08814 加密版本:02 <4<2*1702-8> 8*+<142< /0 4700030030 * 6/5*> > 2-3*0/8> > 25643787

货物或应税劳务、服务名称	规格型号	单位	数 量	单价	金 额	税率	税 额
大 米		吨	100	3 100.00	310 000.00	17%	52 700.00
合 计					¥310 000.00		¥52 700.00
价税合计(大写)	叁拾陆万贰仟柒佰元整				(小写)¥362 700.00		

销货单位	名 称：云南庆谊公司 纳税人识别号：667852621345658 地 址、电 话：江城市正怀路 78 号 6578321 开户行及账号：工行正怀路支行 584000586543213	备注	

收款人：钟晓耕 复核：刘 桂 开票人：王 月 销货单位：(章)

第二联 抵扣联 购货方扣税凭证

图 3-4-2($\frac{2}{6}$)

6013985821　　　　**云南省增值税专用发票**　　　　№ 25643787

发票联

开票日期：2016年12月8日

购货单位	名　称：东方啤酒公司 纳税人识别号：677856432198769 地 址、电 话：丽都市永顺路 88 号 6885688 开户行及账号：建行丽都市支行 675843218977027			密码区	154312-3-578<1+45*54* 163312><8182*69*08814 加密版本:02 <4<2*1702-8> 8*+<142< /0 4700030030 * 6/5*> > 2-3*0/8> > 25643787		
货物或应税劳务、服务名称	规格型号	单位	数 量	单价	金 额	税率	税 额
大 米		吨	100	3 100.00	310 000.00	17%	52 700.00
合 计					¥310 000.00		¥52 700.00
价税合计(大写)	叁拾陆万贰仟柒佰元整				（小写）¥362 700.00		
销货单位	名　称：云南庆谊公司 纳税人识别号：667852621345658 地 址、电 话：江城市正怀路 78 号 6578321 开户行及账号：工行正怀路支行 584000586543213			备注			

收款人：钟晓耕　　复核：刘 桂　　开票人：王 月　　销货单位：(章)

第三联　发票联　购货方记账凭证

图 3-4-2($\frac{3}{6}$)

6013985821　　　　**云南省增值税专用发票**　　　　№ 56437862

抵扣联

开票日期：2016年12月8日

购货单位	名　称：东方啤酒公司 纳税人识别号：677856432198769 地 址、电 话：丽都市永顺路 88 号 6885688 开户行及账号：建行丽都市支行 675843218977027			密码区	364312-3-578<1+45*54* 163312><8182*69*08814 <4<2*1702-8> 8*+<142< /0 751022055 * 6/5*> > 2-3*0/8> > 16437441		
货物或应税劳务、服务名称	规格型号	单位	数 量	单价	金 额	税率	税 额
运费					10 000.00	11%	1 100.00
合 计					¥10 000.00	11%	¥1 100.00
价税合计(大写)	壹万壹仟壹佰元整				（小写）¥11 100.00		
销货单位	名　称：江城市运输公司 纳税人识别号：677803214569876 地 址、电 话：江城市兴胜路 96 号 6584721 开户行及账号：建行兴胜路支行 654000533263117			备注			

收款人：江 红　　复核：王景平　　开票人：姚 云　　销货单位：(章)

第二联　抵扣联　购货方扣税凭证

图 3-4-2($\frac{4}{6}$)

6013985821　　**云南省增值税专用发票**　　№ 56437862

发票联

开票日期：2016年12月8日

购货单位	名称：东方啤酒公司 纳税人识别号：677856432198769 地址、电话：丽都市永顺路 88 号 6885688 开户行及账号：建行丽都市支行 675843218977027			密码区	364312–3–578<1+45*54* 163312><8182*69*08814 <4<2*1702–8> 8*+<142< /0 751022055 * 6/5*> > 2–3*0/8> > 16437441		
货物或应税劳务、服务名称	规格型号	单位	数量	单价	金额	税率	税额
运费					10 000.00	11%	1 100.00
合计					¥10 000.00	11%	¥1 100.00
价税合计(大写)	壹万壹仟壹佰元整				（小写）¥11 100.00		
销货单位	名称：江城市运输公司 纳税人识别号：677803214569876 地址、电话：江城市兴胜路 96 号 6584721 开户行及账号：建行兴胜路支行 654000533263117			备注	江城市运输公司 发票专用章		

收款人：江 红　　复核：王景平　　开票人：姚 云　　销货单位：（章）

第三联 发票联 购货方记账凭证

图 3-4-2($\frac{5}{6}$)

收 料 单

材料科目：原材料

材料类别：原料及主要材料　　5346002

供应单位：庆谊公司

发票号码：25643787　　2016年12月8日　　收料仓库：材料仓库

材料名称	计量单位	数量		实际成本					计划成本		材料成本差异
		应收	实收	买价 单价	买价 金额	运杂费	合计	单位成本	单价	金额	
大米	吨	100	100	3 100	310 000.00	10 000.00	320 000.00	3 200.00	3 100	310 000.00	10 000.00
合计					310 000.00	10 000.00	320 000.00			310 000.00	10 000.00
备注											

记账：段自立　　收料：陈 涛　　制单：杨志亮

第三联 记账联

图 3-4-2($\frac{6}{6}$)

商品购销合同

合同号:2016-159

甲方(购货方):丽都市东方啤酒公司

乙方(销货方):金星工厂

本着平等互利的原则,经双方协商,共同订立如下合同:

一、双方必须有合法的营业执照,乙方所供商品必须有合法商标,根据不同商品分别提供生产、经营许可证、注册商标证、产品合格证、进口商品检验证等。

二、甲方向乙方订购以下商品:

序号	商品名称	规格型号	计量单位	数量	单价	金　额
	甘肃麦		吨	100	3 650.00	365 000.00
	曲靖麦		吨	150	3 450.00	517 500.00
	合计					882 500.00

三、到货时间:乙方在10日内发货,货物委托运输公司运输,费用由购货方承担。

四、货款结算:托收承付

五、合同一式 贰 份,双方盖章后生效。如违约须赔偿对方损失,按价款 30% 赔款,不可抗力除外。本合同在履行过程中,若发生纠纷或异议,双方协调解决。

甲方:丽都市东方啤酒公司
法人代表:王高平
建行丽都市支行675843218977027
电话: 6885688
地址:丽都市永顺路88号
签约日期:2016年12月6日

乙方:金星工厂
法人代表:杨　连
账号:工行兰城路支行　584000695231535
电话:6635576
地址:昆明市兰城路52号
签约日期:2016年12月6日

注:此凭证不作为记账依据

图 3-4-3($\frac{1}{7}$)

5201898535

云南省增值税专用发票

抵扣联

№　38643654

开票日期:2016年12月6日

购货单位:
名　　称:东方啤酒公司
纳税人识别号:677856432198769
地 址、电 话:丽都市永顺路 88 号　6885688
开户行及账号:建行丽都市支行 675843218977027

密码区:
154312-3-578<1+45*54*
163312><8182*69*08814
加密版本:02
<4<2*1702-8> 8*+<142< /0 4700030030
* 6/5*> > 2-3*0/8> >　38643654

货物或应税劳务、服务名称	规格型号	单位	数 量	单价	金 额	税率	税　额
甘肃麦		吨	100	3 650.00	365 000.00	17%	62 050.00
曲靖麦		吨	150	3 450.00	517 500.00	17%	87 975.00
合　计					￥882 500.00		￥150 025.00
价税合计(大写)	壹佰零叁万贰仟伍佰贰拾伍元整						(小写)￥1 032 525.00

销货单位:
名　　称:金星工厂
纳税人识别号:657852432562123
地 址、电 话:昆明市兰城路52号　6635576
开户行及账号:工行兰城路支行　584000695231535

备注:

收款人:李　顺　　复核:寸晓平　　开票人:李　顺　　销货单位:(章)

第二联　抵扣联　购货方扣税凭证

图 3-4-3($\frac{2}{7}$)

5201898535　　**云南省增值税专用发票**　　№ 38643654

发票联

开票日期：2016年12月6日

购货单位	名　　称：东方啤酒公司 纳税人识别号：677856432198769 地 址、电 话：丽都市永顺路 88 号 6885688 开户行及账号：建行丽都市支行 675843218977027	密码区	154312-3-578<1+45*54* 163312><8182*69*08814 加密版本:02 <4<2*1702-8> 8*+<142< /0 4700030030 * 6/5*> > 2-3*0/8> > 38643654

货物或应税劳务、服务名称	规格型号	单位	数量	单价	金额	税率	税额
甘肃麦		吨	100	3 650.00	365 000.00	17%	62 050.00
曲靖麦		吨	150	3 450.00	517 500.00	17%	87 975.00
合　计					￥882 500.00		￥150 025.00
价税合计(大写)	壹佰零叁万贰仟伍佰贰拾伍元整					(小写)	￥1 032 525.00

销货单位	名　　称：金星工厂 纳税人识别号：657852432562123 地 址、电 话：昆明市兰城路52号 6635576 开户行及账号：工行兰城路支行 584000695231535	备注	

收款人：李　顺　　复核：寸晓平　　开票人：李　顺　　销货单位(章)

第三联　发票联　购货方记账凭证

图 3-4-3($\frac{3}{7}$)

托　收　凭　证(付款通知)　5

委托日期：2016年12月6日　　付款期限 2016年12月08日

业务类型	委托收款(□邮划 □电划)　托收承付(□邮划 ☑电划)					
付款人 全称	东方啤酒公司		收款人 全称	金星工厂		
账号	675843218977027		账号	584000695231535		
地址	云南省丽都市县	开户行：建行丽都支行	地址	云南省昆明市县	开户行：工行兰城路支行	
金额	人民币(大写)壹佰零陆万柒仟伍佰贰拾伍元整			亿 千 百 十 万 千 百 十 元 角 分	￥ 1 0 6 7 5 2 5 0 0	
款项内容	购货款	托收凭据名称	托收承付	附寄单证张数	3 张	
商品发运情况	已发运		合同名称号码	2016-159		
备注： 付款人开户银行收到日期 2016 年 12 月 8 日 复核　记账	付款人开户银行签章 2016 年 12 月 8 日		付款人注意： 1. 根据支付结算办法，上列委托收款(托收承付)款项在付款期限未提出拒付，即视为同意付款，以此代付款通知。 2. 如需提出全部或部分拒付，应在规定期限内，将拒付理由书并附债务证明退交开户银行。			

此联是付款人开户银行给付款人按期付款通知

图 3-4-3($\frac{4}{7}$)

5201898535

云南省增值税专用发票

№ 85643618

抵扣联

开票日期：2016年12月6日

购货单位	名称：东方啤酒公司 纳税人识别号：677856432198769 地址、电话：丽都市永顺路 88 号 6885688 开户行及账号：建行丽都市支行 675843218977027				码区	13489312-3-578<1+45*54* 163312><8182*69*08814 <4<2*1702-8> 8*+<142< /0 57012300458 * 6/5*> > 2-3*0/8> > 223578		
货物或应税劳务、服务名称	规格型号	单位	数量	单价		金额	税率	税额
运费						31 531.53	11%	3 468.47
合计						￥31 531.53	11%	￥3 468.47
价税合计(大写)	叁万伍仟元整			(小写)￥35 000.00				
销货单位	名称：昆明市大通运输公司 纳税人识别号：677833355621153 地址、电话：昆明市东山路 125 号 5778777 开户行及账号：建行东山路支行 24874000586543213				备注	昆明市大通运输公司 发票专用章		

收款人：江 明　　复核：刘明全　　开票人：张正铁　　销货单位：(章)

第二联 抵扣联 购货方扣税凭证

图 3-4-3($\frac{5}{7}$)

5201898535

云南省增值税专用发票

№ 85643618

发票联

开票日期：2016年12月6日

购货单位	名称：东方啤酒公司 纳税人识别号：677856432198769 地址、电话：丽都市永顺路 88 号 6885688 开户行及账号：建行丽都市支行 675843218977027				密码区	13489312-3-578<1+45*54* 163312><8182*69*08814 <4<2*1702-8> 8*+<142< /0 57012300458 * 6/5*> > 2-3*0/8> > 223578		
货物或应税劳务、服务名称	规格型号	单位	数量	单价		金额	税率	税额
运费						31 531.53	11%	3 468.47
合计						￥31 531.53	11%	￥3 468.47
价税合计(大写)	叁万伍仟元整			(小写)￥35 000.00				
销货单位	名称：昆明市大通运输公司 纳税人识别号：677833355621153 地址、电话：昆明市东山路 125 号 5778777 开户行及账号：建行东山路支行 24874000586543213				备注	昆明市大通运输公司 发票专用章		

收款人：江 明　　复核：刘明全　　开票人：张正铁　　销货单位：(章)

第三联 发票联 购货方记账凭证

图 3-4-3($\frac{6}{7}$)

材料采购成本计算表

表 3-4-1　　　　2016 年 12 月 8 日　　　　单位：元

材料名称	采购成本					
	买价	采购费用				合计
		运杂费	材料重量(吨)	分配率	其他	
甘肃麦						
曲靖麦						
合计						
备注	运杂费按重量比例分摊					

图 3-4-3($\frac{7}{7}$)

收料单

材料科目：原材料
材料类别：原料及主要材料　　　　5346003
供应单位：金星公司
发票号码：38643654　　　　2016年12月9日　　　　收料仓库：材料仓库

材料名称	计量单位	数量		实际成本					计划成本		材料成本差异
		应收	实收	买价		运杂费	合计	单位成本	单价	金额	
				单价	金额						
甘肃麦	吨	100	100	3 650	365 000.00	12 612.61	377 612.61	3 776.13	3 700	370 000.00	7 612.61
曲靖麦	吨	150	150	3 450	517 500.00	18 918.92	536 418.92	3 576.13	3 500	525 000.00	11 418.92
合计					882 500.00	31 531.53	914 031.53			895 000.00	19 031.53
备注											

第三联 记账联

记账：段自立　　　　收料：陈涛　　　　制单：杨志亮

图 3-4-4($\frac{1}{1}$)

领料单

材料科目：原材料
领料车间(部门)：酿造车间　　　　材料类别：原料及主要材料
用途：生产产品　　　　2016年12月10日　　　　编号：08401

材料编号	材料名称	计量单位	数量		实际成本		计划成本		
			请领	实发	单位成本	金额	单位成本	金额	材料成本差异
	澳麦	吨	200	180			4 300	774 000.00	
	甘肃麦	吨	210	200			3 700	740 000.00	
	曲靖麦	吨	180	160			3 500	560 000.00	
	大米	吨	160	150			3 100	465 000.00	
备注	高端瓶装啤酒领用澳麦 60 吨，甘肃麦 70 吨，曲靖麦 50 吨，大米 50 吨 低端瓶装啤酒领用澳麦 70 吨，甘肃麦 80 吨，曲靖麦 60 吨，大米 50 吨 罐装啤酒领用澳麦 50 吨，甘肃麦 50 吨，曲靖麦 50 吨，大米 50 吨								

第三联 记账联

记账：段自立　　　　发料：付华　　　　领料部门：酿造车间　　　　领料人：周平

图 3-4-5($\frac{1}{2}$)

领　料　单

材料科目：原材料
领料车间(部门)：酿造车间　　　　材料类别：辅助材料
用途：生产产品　　　　2016年12月10日　　　　编号：08402

材料编号	材料名称	计量单位	数量		实际成本		计划成本		
			请领	实发	单位成本	金额	单位成本	金额	材料成本差异
	酒　花	吨	1	1	70 000.00	70 000.00			
备注	高端瓶装啤酒领用　酒花 0.3 吨 低端瓶装啤酒领用　酒花 0.4 吨 罐装啤酒领用　酒花 0.3 吨								

第三联　记账联

记账：段自立　　发料：付　华　　领料部门：酿造车间　　领料人：周　平

图 3-4-5($\frac{2}{2}$)

领　料　单

材料科目：周转材料
领料车间(部门)：包装车间　　　　材料类别：包装物
用途：生产产品　　　　2016年12月10日　　　　编号：08403

材料编号	材料名称	规格	计量单位	数量		实际成本	
				请　领	实　发	单位成本	金额
	啤酒罐		个	195 100	192 100		
	旧高端啤酒瓶		个	148 100	148 100		
	新高端啤酒瓶		个	128 000	128 000		
	旧低端啤酒瓶		个	419 100	419 100		
	新低端啤酒瓶		个	349 000	349 000		
	包装箱		个	96 300	95 300		
	商标标签		个	1 246 300	1 236 300		
备注	其中，生产罐装啤酒领用包装箱8 100个;商标标签192 100个。 生产高端啤酒瓶领用包装箱23 100个;商标标签276 100个。 生产低端啤酒瓶领用包装箱64 100个。商标标签768 100个。						

第三联　记账联

记账：段自立　　发料：付　华　　领料部门：包装车间　　领料人：陈红英

图 3-4-6($\frac{1}{1}$)

收　料　单

材料科目：周转材料
材料类别：包装物　　　　　　　　　　　　　　　　　　5346004
供应单位：光华公司
发票号码：　　　　　　　　2016年12月10日　　　　　　收料仓库：材料仓库

材料名称	计量单位	数量		实际成本				
		应收	实收	买价		运杂费	合计	单位成本
				单价	金额			
啤酒罐	个		30 000					
合计								
备注								

第三联　记账联

记账：段自立　　　　收料：陈　涛　　　　制单：杨志亮

图 3-4-7($\frac{1}{1}$)

周 转 材 料 报 废 单

2016年12月10日

名称	规格型号	单位	数量	已使用时间	单价	原值	已摊销	备注
塑料周转箱		个	20	6 个月	36	720.00	720.00	
使用部门:包装车间								
报废原因	正常报废							
处理意见	使用部门	技术鉴定小组		管理部门		主管部门审批		
	同意报废 王伟力	同意报废 刘　丽		同意报废 陈红英		同意报废 刘立强		

图 3-4-8($\frac{1}{2}$)

领　料　单

材料科目：周转材料
领料车间(部门)：包装车间　　　　材料类别：塑料周转箱
用途：车间周转用　　　　2016年12月10日　　　　编号：08404

材料编号	材料名称	规格	计量单位	数量		实际成本	
				请　领	实　发	单位成本	金额
	塑料周转箱		个	20	20	36.00	720.00
备注	车间周转使用,其成本采用一次摊销法						

第三联　记账联

记账：段自立　　发料：付　华　　领料部门：包装车间　　领料人：陈红英

图 3-4-8($\frac{2}{2}$)

实 存 账 存 对 比 表

单位名称：东方啤酒公司　　　　2016年12月11日

序号	名　称	规格	计量单位	单价	实存		账存		盘盈		盘亏		原因	处理意见
					数量	金额	数量	金额	数量	金额	数量	金额		
	曲靖麦		吨	3 500	189.6		190				0.4		保管不善	

盘点人签章：王伟力　杨志亮　　　　会计签章：李　松

图 3-4-9($\frac{1}{2}$)

进 项 税 额 转 出 计 算 单

表3-4-2　　　　2016年12月11日　　　　单位：元

材料名称	用　途	计　划　成　本			材料成本差异	实际成本	增值税税率	进项税转出额
		数　量	单　价	金　额				
曲靖麦								

图 3-4-9($\frac{2}{2}$)

领 料 单

材料科目：周转材料
领料车间(部门)：酿造车间　　　　材料类别：低值易耗品
用途：设备维护　　　　2016年12月11日　　　　编号：08405

材料编号	材料名称	规格	计量单位	数量		实际成本	
				请　领	实　发	单位成本	金额
	润滑油		千克	5	5		
备注							

第三联 记账联

记账：段自立　　发料：付　华　　领料部门：酿造车间　　领料人：周　平

图 3-4-10($\frac{1}{2}$)

领 料 单

材料科目：周转材料
领料车间(部门)：包装车间　　　　材料类别：低值易耗品
用途：设备维护　　　　2016年12月11日　　　　编号：08406

材料编号	材料名称	规格	计量单位	数量		实际成本	
				请　领	实　发	单位成本	金额
	润滑油		千克	6	6		
备注							

第三联 记账联

记账：段自立　　发料：付　华　　领料部门：包装车间　　领料人：陈红英

图 3-4-10($\frac{2}{2}$)

产 成 品 入 库 单

1052115

交库单位：包装车间　　　　2016年12月11日　　　　仓库：产成品库

产品名称	规　格	计量单位	交库数量	备　注
高端瓶装啤酒		件	23 000	
低端瓶装啤酒		件	64 000	
罐装啤酒		件	8 000	
合　计				

第三联 记账联

车间负责人：陈红英　　仓库管理员：王伟力　　制单：李　森

图 3-4-11($\frac{1}{1}$)

领　料　单

材料科目：周转材料

领料车间(部门)：酿造车间　　　　材料类别：低值易耗品

用途：一般耗用　　　　2016年12月15日　　　　编号：08407

材料编号	材料名称	规格	计量单位	数量		实际成本		第三联 记账联
				请　领	实　发	单位成本	金额	
	工作服(含手套)		套	60	60			
备注								

记账：段自立　　　　发料：付　华　　　　领料部门：酿造车间　　　　领料人：周　平

图 3-4-12($\frac{1}{2}$)

领　料　单

材料科目：周转材料

领料车间(部门)：包装车间　　　　材料类别：低值易耗品

用途：一般耗用　　　　2016年12月15日　　　　编号：08408

材料编号	材料名称	规格	计量单位	数量		实际成本		第三联 记账联
				请　领	实　发	单位成本	金额	
	工作服(含手套)		套	70	70			
备注								

记账：段自立　　　　发料：付　华　　　　领料部门：包装车间　　　　领料人：陈红英

图 3-4-12($\frac{2}{2}$)

委托加工物资发料单

材料科目：周转材料

领料车间(部门)：营销部　　　　材料类别：包装物

用途：委托加工　　　　2016年12月16日　　　　编号：0001

材料编号	材料名称	规格	计量单位	数量		实际成本		第三联 记账联
				请　领	实　发	单位成本	金额	
	包装箱		个	3 000	3 000			
备　注	委托顺发广告公司设计外包装							

记账：段自立　　　　发料：付　华　　　　领料部门：包装车间　　　　领料人：董立飞

图 3-4-13($\frac{1}{2}$)

设计合同

甲方:东方啤酒公司

乙方:顺发广告设计公司

依据《中华人民共和国合同法》和有关法规的规定,乙方接受甲方的委托,就委托设计等事项,双方经协商一致,签订本合同,信守执行:

一、合同内容和要求

1. 包装箱设计

2. 制作特殊包装箱

二、委托设计费用

设计费用总计为:人民币2 500元,(大写:贰仟伍佰元整)(其中:设计费2 000元,材料费500元)

三、付款方式

甲方需在委托加工物资验收入库后一次性支付设计费用2 500元(大写:贰仟伍佰元整)。

四、设计作品的时间及交付方式

1. 乙方需在双方约定时间内完成设计方案。因甲方反复提出修改意见导致乙方工作不能按时完成时,可延期执行,延期时间由双方协商确定。

2. 乙方以彩色打印稿和光盘电子稿的方式交付设计的作品。

五、知识产权约定

1. 甲方在未付清所有委托设计费用之前,乙方设计的作品著作权归乙方,甲方对该作品不享有任何权利。

2. 甲方将委托设计的所有费用结算完毕后,甲方拥有作品的所有权、使用权和修改权。

六、双方的权利义务

甲方权利:

1. 甲方有权对乙方的设计提出建议和思路,以使乙方设计的作品更符合甲方企业文化内涵。

2. 甲方有权对乙方所设计的作品提出修改意见;

3. 甲方在付清所有设计费用后享有设计作品的所有权、使用权和修改权;

甲方义务:

1. 甲方有义务按照合同约定支付相关费用;

2. 甲方有义务提供有关企业资料或其他有关资料给乙方;

乙方权利:

1. 乙方有权要求甲方提供有关企业资料供乙方设计参考;

2. 乙方有权要求甲方按照合同约定支付相应款项;

3. 乙方对设计的作品享有著作权,有权要求甲方在未付清款项之前不得使用该设计作品:

乙方义务:

1. 乙方需按照甲方的要求进行作品设计。

2. 乙方需按照合同约定按时交付设计作品。

七、违约责任

1. 甲方在设计作品初稿完成前终止合同,其预付的费用无权要求退回;甲方在乙方作品初稿完成后终止合同的,应当支付全额的设计费用。

2. 乙方如无正当理由提前终止合同,所收取的费用应当全部退回给甲方。

八、合同生效

本合同一式两份,甲乙双方各持对方签字合同一份,具有同等法律效力。本合同自签字盖章之日起生效。

备注:

甲方:东方啤酒公司	乙方:顺发广告设计公司
甲方代表签名:王高平	乙方代表签名:林　祥
账号:建行丽都市支行　675843218977027	账号:建行丽都市南路支行　675843215789223
电话:6885688	电话:65789632
地址:丽都市永顺路88号	地址:丽都市永顺路75号
签约日期:2016年12月14日	签约日期:2016年12月14日

丽都市东方啤酒公司 合同专用章

顺发广告设计公司 合同专用章

注:此凭证不作为记账依据

图 3-4-13($\frac{2}{2}$)

5201896335　　**云南省增值税专用发票**　　№ 04431856

抵扣联

开票日期：2016年12月17日

购货单位	名　　称：东方啤酒公司 纳税人识别号：677856432198769 地 址、电 话：丽都市永顺路 88 号 6885688 开户行及账号：建行丽都市支行 675843218977027	码区	254312-3-578<1+45*54* 163312><6001*69*08814 加密版本:02 <4<2*1702-8> 8*+<142< /0 124587.3651 * 6/5*> > 2-3*0/8> > 76437871

货物或应税劳务、服务名称	规格型号	单位	数 量	单价	金 额	税率	税 额
喜乐牌商标标签		个	970 000	0.05	48 500.00	17%	8 245.00
合　计					¥48 500.00	17%	¥8 245.00
价税合计(大写)	伍万陆仟柒佰肆拾伍元整				(小写) ¥56 745.00		

销货单位	名　　称：顺发广告设计公司 纳税人识别号：677856432188562 地址、电 话：丽都市北路 57 号　6225663 开户行及账号：建行北路支行 675843215556636	备注	

收款人：王云生　　复核：陈平丹　　开票人：朱丽兰　　销货单位：(章)

第二联 抵扣联 购货方扣税凭证

图 3-4-14($\frac{1}{4}$)

5201896335　　**云南省增值税专用发票**　　№ 04431856

发票联

开票日期：2016年12月17日

购货单位	名　　称：东方啤酒公司 纳税人识别号：677856432198769 地 址、电 话：丽都市永顺路 88 号 6885688 开户行及账号：建行丽都市支行 675843218977027	密码区	254312-3-578<1+45*54* 163312><6001*69*08814 加密版本:02 <4<2*1702-8> 8*+<142< /0 124587.3651 * 6/5*> > 2-3*0/8> > 76437871

货物或应税劳务、服务名称	规格型号	单位	数 量	单价	金 额	税率	税 额
喜乐牌商标标签		个	970 000	0.05	48 500.00	17%	8 245.00
合　计					¥48 500.00	17%	¥8 245.00
价税合计(大写)	伍万陆仟柒佰肆拾伍元整				(小写) ¥56 745.00		

销货单位	名　　称：顺发广告设计公司 纳税人识别号：677856432188562 地址、电 话：丽都市北路 57 号　6225663 开户行及账号：建行北路支行 675843215556636	备注	

收款人：王云生　　复核：陈平丹　　开票人：朱丽兰　　销货单位：(章)

第三联 发票联 购货方记账凭证

图 3-4-14($\frac{2}{4}$)

收　料　单

材料科目：周转材料
材料类别：包装物　　5346005
供应单位：顺发广告设计公司
发票号码：04431856　　2016年12月17日　　收料仓库：材料仓库

材料名称	计量单位	数量		实际成本				
		应收	实收	买价		运杂费	合计	单位成本
				单价	金额			
商标标签	个	970 000	970 000	0.05	48 500.00		48 500.00	0.05
合计					48 500.00		48 500.00	
备注								

第三联　记账联

记账：段自立　　收料：陈　涛　　制单：杨志亮

图 3-4-14($\frac{3}{4}$)

中国建设银行
转账支票存根　（滇）
$\frac{E}{0}\frac{X}{2}$ 03312546
附加信息

出票日期 2016 年 12 月 17 日

收款人：顺发广告设计公司
金　额：56 745.00 元
用　途：商标标签款

单位主管 张成栋　会计 李　松

图 3-4-14($\frac{4}{4}$)

中国建设银行
转账支票存根　（滇）
$\frac{E}{0}\frac{X}{2}$ 03302549
附加信息

出票日期 2016 年 12 月 18 日

收款人：程宁废旧物资公司
金　额：298 350.00 元
用　途：购旧高、低端啤酒瓶

单位主管 张成栋　会计 李　松

图 3-4-15($\frac{1}{4}$)

5201896335

云南省增值税专用发票

抵扣联

№　38643996

开票日期：2016年12月18日

购货单位	名　　称：东方啤酒公司 纳税人识别号：677856432198769 地 址、电 话：丽都市永顺路 88 号 6885688 开户行及账号：建行丽都市支行 675843218977027	密码区	154312-3-578<1+45*54* 163312><8182*69*08814 加密版本:02 <4<2*1702-8> 8*+<142< /0 4700030030 * 6/5*> > 2-3*0/8> >　38643996

货物或应税劳务、服务名称	规格型号	单位	数量	单价	金额	税率	税额
旧高端啤酒瓶		个	160 000	0.50	80 000.00	17%	13 600.00
旧低端啤酒瓶		个	350 000	0.50	175 000.00	17%	29 750.00
合　计					¥255 000.00		¥43 350.00
价税合计(大写)	贰拾玖万捌仟叁佰伍拾元整				(小写)¥298 350.00		

销货单位	名　　称：程宁废旧物资公司 纳税人识别号：657852432563310 地 址、电 话：丽都市春城路25号 6638575 开户行及账号：工行兰城路支行 584000695250188	备注	

收款人：李　顺　　复核：寸晓平　　开票人：李　顺　　销货单位：(章)

第二联 抵扣联 购货方扣税凭证

图 3-4-15($\frac{2}{4}$)

5201896335

云南省增值税专用发票

发票联

№　38643996

开票日期：2016年12月18日

购货单位	名　　称：东方啤酒公司 纳税人识别号：677856432198769 地 址、电 话：丽都市永顺路 88 号 6885688 开户行及账号：建行丽都市支行 675843218977027	密码区	154312-3-578<1+45*54* 163312><8182*69*08814 加密版本:02 <4<2*1702-8> 8*+<142< /0 4700030030 * 6/5*> > 2-3*0/8> >　38643996

货物或应税劳务、服务名称	规格型号	单位	数量	单价	金额	税率	税额
旧高端啤酒瓶		个	160 000	0.50	80 000.00	17%	13 600.00
旧低端啤酒瓶		个	350 000	0.50	175 000.00	17%	29 750.00
合　计					¥255 000.00		¥43 350.00
价税合计(大写)	贰拾玖万捌仟叁佰伍拾元整				(小写)¥298 350.00		

销货单位	名　　称：程宁废旧物资公司 纳税人识别号：657852432563310 地 址、电 话：丽都市春城路25号 6638575 开户行及账号：工行兰城路支行 584000695250188	备注	

收款人：李　顺　　复核：寸晓平　　开票人：李　顺　　销货单位：(章)

第三联 发票联 购货方记账凭证

图 3-4-15($\frac{3}{4}$)

收 料 单

材料科目：周转材料
材料类别：包装物　　5346006
供应单位：程宁废旧物资公司
发票号码：38643996　　2016年12月18日　　收料仓库：材料仓库

材料名称	计量单位	数量		实际成本				
		应收	实收	买价		运杂费	合计	单位成本
				单价	金额			
旧高端啤酒瓶	个	160 000	160 000	0.50	80 000.00		80 000.00	0.50
旧低端啤酒瓶	个	350 000	350 000	0.50	175 000.00		175 000.00	0.50
合计					255 000.00		255 000.00	
备注								

第三联 记账联

记账：段自立　　收料：陈 涛　　制单：杨志亮

图 3-4-15($\frac{4}{4}$)

商品购销合同

合同号:2016-165

甲方(购货方)：丽都市东方啤酒公司

乙方(销货方)：昌盛工厂

本着平等互利的原则,经双方协商,共同订立如下合同：

一、双方必须有合法的营业执照,乙方所供商品必须有合法商标,根据不同商品分别提供生产、经营许可证、注册商标证、产品合格证、进口商品检验证等。

二、甲方向乙方订购以下商品：

序号	商品名称	规格型号	计量单位	数量	单价	金 额
	高端啤酒瓶		个	100 000	0.90	90 000.00
	低端啤酒瓶		个	220 000	0.70	154 000.00
	啤酒罐		个	150 000	0.70	105 000.00
	合计					349 000.00

三、到货时间:乙方在10日内发货,货物由甲方自行运输。

四、货款结算:货到付款

五、合同一式 贰 份,双方盖章后生效。如违约须赔偿对方损失,按价款 30% 赔款,不可抗力除外。本合同在履行过程中,若发生纠纷或异议,双方协调解决。

甲方：丽都市东方啤酒公司　　乙方：昌盛工厂

法人代表：王高平　　法人代表：杨 达

账号：建行丽都市675843218977027　　账号：工行顺发路支行 584003245798215

电话： 6885688　　电话：6756328

地址：丽都市永顺路88号　　地址：丽都市顺发路45号

签约日期：2016年12月18日　　签约日期：2016年12月18日

注:此凭证不作为记账依据

图 3-4-16($\frac{1}{5}$)

中国建设银行
转账支票存根　(滇)

$\frac{E}{0}\frac{X}{2}$ 03302550

附加信息

出票日期 2016 年 12 月 19 日

收款人：昌盛工厂
金　额：408 330.00 元
用　途：购新高、低端啤酒瓶、啤酒罐

单位主管 张成栋　会计 李　松

图 3-4-16($\frac{2}{5}$)

5201896335　　**云南省增值税专用发票**　　№　42353656

抵扣联

开票日期：2016年12月19日

<table>
<tr><td>购货单位</td><td colspan="4">名　　称：东方啤酒公司
纳税人识别号：677856432198769
地 址、电 话：丽都市永顺路 88 号　6885688
开户行及账号：建行丽都市支行 675843218977027</td><td>密码区</td><td colspan="3">154312-3-578<1+45*54*
163312><8182*69*08814
加密版本:02
<4<2*1702-8> 8*+<142< /0 4700030030
* 6/5*> > 2-3*0/8> >　42353656</td></tr>
<tr><td colspan="2">货物或应税劳务、服务名称</td><td>规格型号</td><td>单位</td><td>数 量</td><td>单价</td><td>金 额</td><td>税率</td><td>税　额</td></tr>
<tr><td colspan="2">高端啤酒瓶</td><td></td><td>个</td><td>100 000</td><td>0.9</td><td>90 000.00</td><td>17%</td><td>15 300.00</td></tr>
<tr><td colspan="2">低端啤酒瓶</td><td></td><td>个</td><td>220 000</td><td>0.7</td><td>154 000.00</td><td>17%</td><td>26 180.00</td></tr>
<tr><td colspan="2">啤酒罐</td><td></td><td>个</td><td>150 000</td><td>0.7</td><td>105 000.00</td><td>17%</td><td>17 850.00</td></tr>
<tr><td colspan="2">合　计</td><td></td><td></td><td></td><td></td><td>¥349 000.00</td><td></td><td>¥59 330.00</td></tr>
<tr><td colspan="2">价税合计(大写)</td><td colspan="7">肆拾万零捌仟叁佰叁拾元整　　(小写)¥408 330.00</td></tr>
<tr><td>销货单位</td><td colspan="4">名　　称：昌盛工厂
纳税人识别号：657852432879342
地 址、电 话：丽都市顺发路45号6756328
开户行及账号：工行顺发路支行　584003245798215</td><td>备注</td><td colspan="3"></td></tr>
</table>

收款人：李　发　　复核：李发顺　　开票人：李　发　　销货单位：(章)

第二联　抵扣联　购货方扣税凭证

图 3-4-16($\frac{3}{5}$)

5201896335　　云南省增值税专用发票　　№ 42353656

发票联

开票日期：2016年12月19日

购货单位	名称：东方啤酒公司 纳税人识别号：677856432198769 地址、电话：丽都市永顺路 88 号 6885688 开户行及账号：建行丽都市支行 675843218977027	密码区	154312-3-578<1+45*54* 163312><8182*69*08814 加密版本:02 <4<2*1702-8> 8*+<142< /0 4700030030 * 6/5*> > 2-3*0/8> > 42353656

货物或应税劳务、服务名称	规格型号	单位	数量	单价	金额	税率	税额
高端啤酒瓶		个	100 000	0.9	90 000.00	17%	15 300.00
低端啤酒瓶		个	220 000	0.7	154 000.00	17%	26 180.00
啤酒罐		个	150 000	0.7	105 000.00	17%	17 850.00
合计					￥349 000.00		￥59 330.00
价税合计(大写)	肆拾万零捌仟叁佰叁拾元整				(小写)￥408 330.00		

销货单位	名称：昌盛工厂 纳税人识别号：657852432879342 地址、电话：丽都市顺发路45号6756328 开户行及账号：工行顺发路支行 584003245798215	备注	

收款人：李发　　复核：李发顺　　开票人：李发　　销货单位：(章)

第三联 发票联 购货方记账凭证

图 3-4-16($\frac{4}{5}$)

收　料　单

材料科目：周转材料

材料类别：包装物　　5346007

供应单位：昌盛工厂

发票号码：42353656　　2016年12月19日　　收料仓库：材料仓库

材料名称	计量单位	数量		实际成本				
		应收	实收	买价		运杂费	合计	单位成本
				单价	金额			
高端啤酒瓶	个	100 000	100 000	0.90	90 000.00		90 000.00	0.90
低端啤酒瓶	个	220 000	220 000	0.70	154 000.00		154 000.00	0.70
啤酒罐	个	150 000	150 000	0.70	105 000.00		105 000.00	0.70
合计					349 000.00		349 000.00	
备注								

记账：段自立　　收料：陈涛　　制单：杨志亮

第三联 记账联

图 3-4-16($\frac{5}{5}$)

商品购销合同

合同号：2016-166

甲方(购货方)：丽都市东方啤酒公司

乙方(销货方)：丽都市纸箱厂

本着平等互利的原则,经双方协商,共同订立如下合同：

一、双方必须有合法的营业执照,乙方所供商品必须有合法商标,根据不同商品分别提供生产、经营许可证、注册商标证、产品合格证、进口商品检验证等。

二、甲方向乙方订购以下商品：

序号	商品名称	规格型号	计量单位	数量	单价	金　额
	包装箱		个	80 000	3.00	240 000.00
	合计					240 000.00

三、到货时间:乙方在10日内发货,货物由甲方自行运输。

四、货款结算:商业承兑汇票,期限一个月。

五、合同一式 贰 份,双方盖章后生效。如违约须赔偿对方损失,按价款 30% 赔款,不可抗力除外。本合同在履行过程中,若发生纠纷或异议,双方协调解决。

甲方：丽都市东方啤酒公司	乙方：丽都市纸箱厂
法人代表：王高平	法人代表：杨丽萍
账号：建行丽都市675843218977027	账号：工行永平路支行 584005625231265
电话：6885688	电话：6224535
地址：丽都市永顺路88号	地址：丽都市永平路24号
签约日期：2016年12月18日	签约日期：2016年12月18日

注:此凭证不作为记账依据

图 3-4-17($\frac{1}{5}$)

5201896335　　**云南省增值税专用发票**　　№　63589425

抵扣联

开票日期：2016年12月20日

购货单位	名　　称：东方啤酒公司 纳税人识别号：677856432198769 地 址、电 话：丽都市永顺路 88 号 6885688 开户行及账号：建行丽都市支行 675843218977027	密码区	154312-3-578<1+45*54* 163312><8182*69*08814 加密版本:02 <4<2*1702-8> 8*+<142< /0 4700030030 * 6/5*> > 2-3*0/8> >　63589425

货物或应税劳务、服务名称	规格型号	单位	数 量	单价	金 额	税率	税　额
包装箱		个	80 000	3.00	240 000.00	17%	40 800.00
合　计					￥240 000.00		￥40 800.00
价税合计(大写)	贰拾捌万零捌佰元整				(小写)￥280 800.00		

销货单位	名　　称：丽都市纸箱厂 纳税人识别号：657853689745613 地 址、电 话：丽都市永平路24号6224535 开户行及账号：工行永平路支行　584005625231265	备注	

收款人：张先富　　复核：李建国　　开票人：宋旺发　　销货单位：(章)

第二联　抵扣联　购货方扣税凭证

图 3-4-17($\frac{2}{5}$)

5201896335　　**云南省增值税专用发票**　　№　63589425

发票联

开票日期：2016年12月20日

<table>
<tr><td rowspan="4">购货单位</td><td colspan="5">名　　称：东方啤酒公司
纳税人识别号：677856432198769
地 址、电 话：丽都市永顺路 88 号 6885688
开户行及账号：建行丽都市支行 675843218977027</td><td>密码区</td><td colspan="3">154312-3-578<1+45*54*
163312><8182*69*08814
加密版本:02
<4<2*1702-8> 8*+<142< /0 4700030030
* 6/5*> > 2-3*0/8> >　63589425</td></tr>
</table>

货物或应税劳务、服务名称	规格型号	单位	数量	单价	金额	税率	税额
包装箱		个	80 000	3.00	240 000.00	17%	40 800.00
合　计					￥240 000.00		￥40 800.00
价税合计（大写）	贰拾捌万零捌佰元整				（小写）￥280 800.00		

<table>
<tr><td>销货单位</td><td>名　　称：丽都市纸箱厂
纳税人识别号：657853689745613
地 址、电 话：丽都市永平路24号6224535
开户行及账号：工行永平路支行　584005625231265</td><td>备注</td><td></td></tr>
</table>

收款人：张先富　　复核：李建国　　开票人：宋旺发　　销货单位：（章）

第三联　发票联　购货方记账凭证

图 3-4-17（$\frac{3}{5}$）

商业承兑汇票（存根）3

汇票号码 6854637

出票日期（大写）　贰零壹陆年壹拾贰月贰拾日

<table>
<tr><td rowspan="3">付款人</td><td>全　　称</td><td>东方啤酒公司</td><td rowspan="3">收款人</td><td>全　　称</td><td colspan="9">丽都市纸箱厂</td></tr>
<tr><td>账　　号</td><td>675843218977027</td><td>账　　号</td><td colspan="9">584005625231265</td></tr>
<tr><td>汇出地点</td><td>建行丽都市支行</td><td>汇入地点</td><td colspan="9">工行永平路支行</td></tr>
<tr><td colspan="2" rowspan="2">出票金额</td><td colspan="3" rowspan="2">人民币（大写）贰拾捌万零捌佰元整</td><td>百</td><td>十</td><td>万</td><td>千</td><td>百</td><td>十</td><td>元</td><td>角</td><td>分</td></tr>
<tr><td>￥</td><td>2</td><td>8</td><td>0</td><td>8</td><td>0</td><td>0</td><td>0</td><td>0</td></tr>
<tr><td colspan="2">汇票到期日（大写）</td><td>贰零壹柒年零壹月贰拾日</td><td rowspan="2">付款人开户行</td><td>行号</td><td colspan="9">2410</td></tr>
<tr><td colspan="2">交易合号码</td><td>2016-166</td><td>地址</td><td colspan="9">丽都市槐桦路 25 号</td></tr>
<tr><td colspan="3">备注</td><td colspan="11">出票人：王高平</td></tr>
</table>

此联由出票人存查

图 3-4-17（$\frac{4}{5}$）

收 料 单

材料科目：周转材料

材料类别：包装物 5346008

供应单位：丽都市纸箱厂

发票号码：63589425 2016年12月20日 收料仓库：材料仓库

材料名称	计量单位	数量		实际成本				
		应收	实收	买价		运杂费	合计	单位成本
				单价	金额			
包装箱	个	80 000	80 000	3.00	240 000.00		240 000.00	
合计					240 000.00		240 000.00	
备注								

第三联 记账联

记账：段自立 收料：陈 涛 制单：杨志亮

图 3-4-17($\frac{5}{5}$)

委托加工物资收料单

材料科目：周转材料

材料类别：包装物

供应单位：顺发广告设计公司

发票号码：578644 2016年12月20日 收料仓库：材料仓库

材料名称	计量单位	数量		实际成本					
		应收	实收	发出材料成本	设计费	运杂费	材料费	合计	单位成本
包装箱	个	3 000	3 000	9 000.00	2 358.49			11358.49	3.79
合 计									

第三联 记账联

记账：段自立 收料：陈 涛 制单：杨志亮

图 3-4-18($\frac{1}{4}$)

中国建设银行 (滇)
转账支票存根

$\frac{E}{0}\frac{X}{2}$ 03302553

附加信息

出票日期 2016 年 12 月 20 日

收款人：顺发广告设计公司
金 额：2 500.00 元
用 途：设计费用

单位主管 张成栋 会计 李 松

图 3-4-18($\frac{2}{4}$)

5201896335 **云南省增值税专用发票** № 04431862

抵扣联

开票日期：2016年12月20日

购货单位	名称：东方啤酒公司 纳税人识别号：677856432198769 地址、电话：丽都市永顺路 88 号 6885688 开户行及账号：建行丽都市支行 675843218977027	码区	14258963–578<1+45*54* 163312><6001*69*08814 <4<2*1702–8> 8*+<142< /0 214589763 * 6/5*> > 2–3*0/8> > 254789312

货物或应税劳务、服务名称	规格型号	单位	数量	单价	金额	税率	税额
设计费用					2 358.49	6%	141.51
合计					¥2 358.49	6%	¥141.51
价税合计(大写)	贰仟伍佰元整			(小写)¥2 500.00			

销货单位	名称：顺发广告设计公司 纳税人识别号：677856432188562 地址、电话：丽都市北路 57 号 6225663 开户行及账号：建行北路支行 675843215556636	备注	顺发广告设计公司 发票专用章

收款人：王云生 复核：陈平丹 开票人：朱丽兰 销货单位：(章)

第二联 抵扣联 购货方扣税凭证

图 3-4-18($\frac{3}{4}$)

5201896335 **云南省增值税专用发票** № 04431862

发票联

开票日期：2016年12月20日

购货单位	名称：东方啤酒公司 纳税人识别号：677856432198769 地址、电话：丽都市永顺路 88 号 6885688 开户行及账号：建行丽都市支行 675843218977027	密码区	14258963–578<1+45*54* 163312><6001*69*08814 <4<2*1702–8> 8*+<142< /0 214589763 * 6/5*> > 2–3*0/8> > 254789312

货物或应税劳务、服务名称	规格型号	单位	数量	单价	金额	税率	税额
设计费用					2 358.49	6%	141.51
合计					¥2 358.49	6%	¥141.51
价税合计(大写)	贰仟伍佰元整			(小写)¥2 500.00			

销货单位	名称：顺发广告设计公司 纳税人识别号：677856432188562 地址、电话：丽都市北路 57 号 6225663 开户行及账号：建行北路支行 675843215556636	备注	顺发广告设计公司 发票专用章

收款人：王云生 复核：陈平丹 开票人：朱丽兰 销货单位：(章)

第三联 发票联 购货方记账凭证

图 3-4-18($\frac{4}{4}$)

领 料 单

材料科目：原材料
领料车间(部门)：酿造车间　　材料类别：原料及主要材料
用途：生产产品　　2016年12月22日　　编号：08409

材料编号	材料名称	计量单位	数量		实际成本		计划成本		
			请领	实发	单位成本	金额	单位成本	金额	材料成本差异
	澳　麦	吨	100	100			4 300	430 000.00	
	甘肃麦	吨	150	150			3 700	555 000.00	
	曲靖麦	吨	120	120			3 500	420 000.00	
	大　米	吨	100	100			3 100	310 000.00	
备注		高端瓶装啤酒领用澳麦 30 吨，甘肃麦 40 吨，曲靖麦 40 吨，大米 30 吨 低端瓶装啤酒领用澳麦 50 吨，甘肃麦 70 吨，曲靖麦 50 吨，大米 40 吨 罐装啤酒领用澳麦 20 吨，甘肃麦 40 吨，曲靖麦 30 吨，大米 30 吨							

第三联 记账联

记账：段自立　　发料：付　华　　领料部门：酿造车间　　领料人：周　平

图 3-4-19($\frac{1}{2}$)

领 料 单

材料科目：原材料
领料车间(部门)：酿造车间　　材料类别：辅助材料
用途：生产产品　　2016年12月22日　　编号：08410

材料编号	材料名称	计量单位	数量		实际成本		计划成本		
			请领	实发	单位成本	金额	单位成本	金额	材料成本差异
	酒　花	吨	1	1	70 000.00	70 000.00			
备注	高端瓶装啤酒领用　酒花 0.3 吨 低端瓶装啤酒领用　酒花 0.4 吨 罐装啤酒领用　酒花 0.3 吨								

第三联 记账联

记账：段自立　　发料：付　华　　领料部门：酿造车间　　领料人：周　平

图 3-4-19($\frac{2}{2}$)

领　料　单

材料科目：周转材料
领料车间(部门)：包装车间　　　　材料类别：包装物
用途：生产产品　　　　2016年12月23日　　　　编号：08411

材料编号	材料名称	规格	计量单位	数量		实际成本	
				请领	实发	单位成本	金额
	啤酒罐		个	144 100	144 100		
	旧高端啤酒瓶		个	155 000	155 000		
	新高端啤酒瓶		个	97 100	97 100		
	旧低端啤酒瓶		个	349 000	349 000		
	新低端啤酒瓶		个	215 100	215 100		
	包装箱		个	74 150	74 150		
	商标标签		个	960 300	960 300		
备注	其中，生产罐装啤酒领用包装箱6 050个；商标标签144 100个。 生产高端啤酒瓶领用包装箱21 050个；商标标签252 100个。 生产低端啤酒瓶领用包装箱47 050个；商标标签564 100个。						

第三联　记账联

记账：段自立　　发料：付　华　　领料部门：包装车间　　领料人：陈红英

图 3-4-20($\frac{1}{1}$)

产 成 品 入 库 单

1052116

交库单位：包装车间　　　　2016年12月27日　　　　仓库：产成品库

产品名称	规　格	计量单位	交库数量	备　注
高端瓶装啤酒		件	21 000	
低端瓶装啤酒		件	47 000	
罐装啤酒		件	6 000	
合　计				

第三联　记账联

车间负责人：陈红英　　仓库管理员：王伟力　　制单：李　森

图 3-4-21($\frac{1}{1}$)

实训五　长期股权投资

共同投资协议书

第一条　共同投资人的姓名

甲方：丽都市东方啤酒公司

乙方：玉泉有限责任公司

以上各方共同投资人(以下简称“共同投资人”)经友好协商,根据中华人民共和国法律、法规的规定,就双方共同出资建立的发起设立事宜,达成如下协议,以资共同遵守。

第二条　共同投资人的投资额和投资方式

共同出资人的出资总额(以下简称“出资总额”)为人民币120万元,其中,各方出资分别:甲方出资60万元,占出资总额的50%;乙方出资60万元,占出资总额的50%;双方对投资后设立的龙兴食品加工有限责任公司实施共同控制。

第三条　利润分享和亏损分担

共同投资人按其出资额占出资总额的比例分享共同投资的利润,分担共同投资的亏损。

共同投资人各自以其出资额为限对共同投资承担责任,共同投资人以其出资总额为限对股份有限公司承担责任。

共同投资人的出资形成的股份及其衍生物为共同投资人的共有财产,由共同投资人按其出资比例共有。

共同投资于股份有限公司的股份转让后,各共同投资人有权按其出资比例取得财产。

第四条　违约责任

为保证本协议的实际履行,甲方自愿提供其拥有的60万元资产向其他共同投资人提供担保。甲方承诺在其违约并造成其他共同投资人损失的情况下,以上述财产向其他共同投资人承担违约责任。

第五条　其他

1. 本协议未尽事宜由共同投资人协商一致后,另行签订补充协议。

2. 本协议经全体共同投资人签字盖章后即生效。本协议一式贰份,共同投资人各执一份。

甲方：丽都市东方啤酒公司	乙方：玉泉有限责任公司
(印章：丽都市东方啤酒公司 合同专用章)	(印章：玉泉有限责任公司 合同专用章)
法人代表：王高平	法人代表：高玉林
账号：建行丽都市支行 675843218977027	账号：建行芝兰路支行 675843213356654
电话：6885688	电话：6778322
地址：丽都市永顺路88号	地址：丽都市芝兰路22号
签约日期：2016年11月1日	签约日期：2016年11月1日

注:此凭证不作为记账依据

图 3-5-1($\frac{1}{2}$)

中国建设银行
转账支票存根　(滇)

$\frac{E}{0}\frac{X}{2}$ 03302534

附加信息

出票日期 2016 年 12 月 5 日

收款人：龙兴食品加工有限责任公司
金　额：600 000.00 元
用　途：注册资本金

单位主管 张成栋　会计 李　松

图 3-5-1($\frac{2}{2}$)

现金股利派发通知书

4758号

东方啤酒公司：

根据股东大会决议，公司向全体股东每股派发上半年现金股利0.21元(含税)，你公司控股额 300 000 股，计63 000元(大写：陆万叁仟元整)。

和平股份有限公司 财务专用章

和平有限责任公司
2016年12月10日

图 3-5-2($\frac{1}{2}$)

中国建设银行**进账单**(收账通知)**3**

2016年12月10日　　　　第　　号

出票人	全　称	和平公司	收款人	全　称	东方啤酒公司										
	账　号	758963214563256		账　号	675843218977027										
	开户银行	农行永发路支行		开户银行	建行丽都市支行										
金额	人民币(大写)陆万叁仟元整				亿	千	百	十	万	千	百	十	元	角	分
								¥	6	3	0	0	0	0	0
票据种类	转账支票	票据张数	1												
票据号码	7754631														
单位主管　会计　复核　记账				收款人开户银行盖章 2016 年 12 月 10 日											

中国建设银行云南省分行 丽都支行 2016.12.10 转讫

此联是收款人开户银行交给收款人的收账通知

图 3-5-2($\frac{2}{2}$)

和平股份有限公司股权转让协议书

转让方/甲方： 丽都市东方啤酒公司

受让方/乙方： 诚晶股份有限公司

丽都市东方啤酒公司(甲方)愿意将其所持有的和平股份有限公司300 000股中的10%，计30 000股，以每股1.5元，转让给诚晶股份有限公司(乙方)，乙方愿意受让。现甲乙双方根据《中华人民共和国公司法》和《中华人民共和国合同法》的规定，经协商一致，就转让股权事宜，达成如下协议：

一、股权转让的价格及转让款的支付期限和方式：

自本协议由审批机构批准生效之日起一日内，乙方以转账方式一次性支付45 000元给甲方。

二、甲方保证对其拟转让给乙方的股权拥有完全处分权，保证该股权没有设定质押，保证股权未被查封，并免遭第三人追索，否则甲方应当承担由此引起一切经济和法律责任。

三、有关合营公司盈亏(含债权债务)的分担：

1. 本协议书生效后，乙方按受让股权的比例分享合营公司的利润，分担相应的风险及亏损。

2. 如因甲方在签订本协议书时，未如实告知乙方有关合营公司在股权转让前所负债务，致使乙方在成为合营公司的股东后遭受损失的，乙方有权向甲方追偿。

四、违约责任：

1. 本协议书一经生效，双方必须自觉履行，任何一方未按协议书的规定全面履行义务，应当依照法律和本协议书的规定承担责任。

2. 如乙方不能按期支付股权转让款，每逾期一天，应向甲方支付逾期部分转让款的1%的违约金。如因乙方违约给甲方造成损失，乙方支付的违约金金额低于实际损失的，乙方必须另予以补偿。

3. 如由于甲方的原因，致使乙方不能如期办理变更登记，或者严重影响乙方实现订立本协议书的目的，甲方应按照乙方已经支付的转让款的1%向乙方支付违约金。如因甲方违约给乙方造成损失，甲方支付的违约金金额低于实际损失的，甲方必须另予以补偿。

五、协议书的变更或解除：

甲乙双方经协商一致，可以变更或解除本协议书。经协商变更或解除本协议书的，双方应另签订变更或解除协议书，经丽都市公证处公证(合营企业为外商投资企业的，须报请审批机关批准)。

六、有关费用的负担：

在本次股权转让过程中发生的有关费用(如公证、评估或审计、工商变更登记等费用)，由双方共同承担。

七、争议解决方式：

因本合同引起的或与本合同有关的任何争议，甲乙双方应友好协商解决，如协商不成，按照下列方式解决(任选一项，且只能选择一项，在选定的一项前的方框内打“√”)：

☑向合营公司所在地仲裁委员会申请仲裁；

☐向有管辖权的人民法院起诉。

八、生效条件：

本协议书经甲乙双方签字、盖章并经公证处公证后(合营企业为外商投资企业的，报请审批机关批准后)生效。双方应于协议书生效后三十日内到工商行政管理机关办理变更登记手续。

九、本协议书正本一式四份，甲乙双方各执一份，合营公司、公证处各执一份。

甲方：丽都市东方啤酒公司	乙方：诚晶股份有限公司
法人代表：王高平	法人代表：陈　超
账号：建行丽都市支行675843218977027	账号：建行兰津路支行675843215545689
电话：6885688	电话：6554436
地址：丽都市永顺路88号	地址：丽都市兰津路22号
签约日期：2016年11月11日	签约日期：2016年11月11日

（印章：丽都市东方啤酒公司 合同专用章；诚晶股份有限公司 合同专用章）

图 3-5-3($\frac{1}{3}$)

中国建设银行进账单(收账通知) **3**

2016年12月11日 第 号

出票人	全 称	诚晶股份有限公司	收款人	全 称	东方啤酒公司										
	账 号	675843215545689		账 号	675843218977027										
	开户银行	建行兰津路支行		开户银行	建行丽都市支行										
金额	人民币(大写) 肆万伍仟元整				亿	千	百	十	万	千	百	十	元	角	分
								¥	4	5	0	0	0	0	0
票据种类	转账支票	票据张数	1		中国建设银行云南省分行 丽都支行 2016 12 11 转 讫										
票据号码	6788456														
单位主管 会计 复核 记账					收款人开户银行盖章 2016 年 12 月 11 日										

此联是收款人开户银行交给收款人的收账通知

图 3-5-3($\frac{2}{3}$)

股份转让损益计算表

2016年12月11日 单位:元

长期股权投资	初始投资				转让投资				投资损益
	投资时间	投资股数	投资价格		转让时间	转让股数	转让价格		
			每股单价	投资总额			每股单价	转让总额	

图 3-5-3($\frac{3}{3}$)

资产评估报告

云南大通会计师事务所评报字【2016】第245号

云南大通会计师事务所接受委托，根据国家有关资产评估的规定，本着独立、公正、科学、客观的原则，按照公认的资产评估方法对腾昌股份有限公司的全部资产和负债进行了实地查勘、市场调查与询证，现将资产评估情况及评估结果报告如下：

一、委托方简介

委托方：腾昌股份有限公司

注册地址：丽都市腾昌路12号

法定代表人：吴达开

经济性质：国家控股

注册资金：580万元

工商登记号码：6512345689442

经营范围：木地板生产加工

二、评估目的

腾昌股份有限公司拟转让本公司股份，为此对腾昌股份有限公司全部资产及负债进行评估，以评估后净资产的公允价值作为参考依据。

三、评估范围和对象

委托评估的资产和负债账面价值统计表

单位：人民币万元

项目	账面价值	项目	账面价值
流动资产	380	流动负债	205
		非流动负债	215
非流动资产	620	负债合计	420
		所有者权益合计	580
资产合计	1 000	负债和所有者权益合计	1 000

四、评估基准日

本项目资产评估的基准日是2016年11月30日。

五、评估结论

委托评估的资产和负债公允价值统计表

单位：人民币万元

项目	账面价值	项目	账面价值
流动资产	380	流动负债	205
		非流动负债	215
非流动资产	640	负债合计	420
		所有者权益合计	600
资产合计	1 020	负债和所有者权益合计	1 020

六、评估报告书的法律效力

本次评估结论是反映评估对象在本次评估目的下，根据公开市场的原则确定的现行公允市价，没有考虑将来可能承担的抵押、担保事宜等对评估价格的影响，同时，本报告也未考虑国家宏观经济政策发生变化以及遇有自然力和其他不可抗力对资产价格的影响，本次评估有效期限为一年，自2016年12月6日起至2017年12月6日止，超过一年，需重新进行资产评估。

云南丽都明通会计师事务所

法定代表人：王亮

注册资产评估师：王亮

2016年12月6日

图 3-5-4($\frac{1}{5}$)

腾昌股份有限公司股权转让协议书

受让方/甲方：丽都市东方啤酒公司

转让方/乙方：腾昌股份有限公司

转让方与受让方经过充分协商，在平等自愿的基础上，就转让方腾昌股份有限公司的股权转让给受让方事宜，达成以下协议。

一、转让方腾昌股份有限公司(乙方)愿意将其公司的30%的股权，以每股1.5元，计100万股转让给丽都市东方啤酒公司(甲方)。

二、受让方：丽都市东方啤酒公司以其持有的股份，按照公司章程的规定，享有相应的责、权、利。

三、本协议书经甲乙双方签字、盖章并经公证处公证后(合营企业为外商投资企业的，报请审批机关批准后)生效。双方应于协议书生效后三十日内到工商行政管理机关办理变更登记手续。

四、本协议书正本一式三份，甲乙双方各执一份，并报工商登记机关备案一份。

甲方：丽都市东方啤酒公司	乙方：腾昌股份有限公司
法人代表：王高平	法人代表：尹成栋
账号：建行丽都市支行675843218977027	账号：建行腾昌路支行 675843218795522
电话： 6885688	电话：678002
地址：丽都市永顺路88号	地址：丽都市腾昌路18号
签约日期：2016年12月11日	签约日期：2016年12月11日

(甲方印章：丽都市东方啤酒公司 合同专用章；乙方印章：腾昌股份有限公司 合同专用章)

图 3-5-4($\frac{2}{5}$)

股东持股证明书

股东：丽都市东方啤酒公司

截止 2016 年 12 月 12 日依股东名册记载持有本公司股份总数为 100万股 。

此 致

腾昌股份有限公司

2016年 12 月 12日

(印章：腾昌股份有限公司 769001238)

图 3-5-4($\frac{3}{5}$)

中国建设银行 转账支票存根 (滇)

$\frac{E}{0}\frac{X}{2}$ 03302541

附加信息

出票日期 2016 年 12 月 12 日

收款人：腾昌股份有限公司
金　额：1 500 000.00 元
用　途：注册资本金

单位主管 张成栋 会计 李 松

图 3-5-4($\frac{4}{5}$)

中国建设银行 转账支票存根 (滇)

$\frac{E}{0}\frac{X}{2}$ 03302542

附加信息

出票日期 2016 年 12 月 12 日

收款人：证券公司
金　额：5 000.00 元
用　途：交易费用

单位主管 张成栋 会计 李 松

图 3-5-4($\frac{5}{5}$)

实训六　固定资产

收　　据

2016 年 12 月 11 日　　　　第 568792 号

收到：东方啤酒公司

摘要	金额									
	千	百	十	万	千	百	十	元	角	分
预付工程款		¥	1	0	0	0	0	0	0	0
合计人民币(大写)壹拾万元整										
备注：出包工程(简易仓库)										

第三联　记账联

海华股份有限公司 财务专用章　　转账付讫

收款单位(财务公章)　　会计：万　萍　　收款人：仇　虎　　经手人：尹昌平

图 3-6-1($\frac{1}{3}$)

承　包　合　同

发包方(甲方)：丽都市东方啤酒公司

承包方(乙方)：海华股份有限公司

依照《中华人民共和国合同法》和丽都市的有关规定，经双方协商一致，签订本合同，并严肃履行。

第一条　工程项目

一、工程名称：简易仓库

二、工程地点：丽都市东方啤酒公司

三、工程编号：659GDB

四、工程范围和内容：全部工程建筑面积300平方米。

五、工程造价：全部工程总造价人民币20万元，分两次付清。首期支付工程款的50%，即10万元。完工后再支付工程款的50%，即10万元。本合同不涉及保证金问题。

第二条　工程期限

一、开工日期：依照国家颁布的工期定额，经双方协商，本合同工程开竣工日期如下：

全部工程自2016年12月11日开工，至2016年12月31日竣工。

二、施工前各项准备工作，双方应依据工程协议书中第三条规定，分别负责按时完成。

第三条　物资供应

由乙方负责所有工程物资。

第四条　违约责任和仲裁

一、由于乙方责任未按本合同规定的日期竣工，(以竣工验收合格日期计算)每逾期一天，应偿付给甲方按预算造价万分之一的逾期违约金。

二、甲乙双方不得借故拖欠各种应付款项，如拖期不付，按银行的短期贷款利率偿付给对方逾期付款违约金。

第五条　合同份数及有效期

一、本合同一式两份，甲乙双方各执正本一份，并分别报送双方业务主管部门副本一份。

二、本合同自双方签订之日起生效，在全部工程竣工验收并结清尾款后失效。

甲方：丽都市东方啤酒公司	乙方：海华股份有限公司
法人代表：王高平	法人代表：秦一成
账号：建行丽都市支行675843218977027	账号：工行正怀路支行 584000765432542
电话：6885688	电话：6555225
地址：丽都市水顺路88号	地址：丽都市正怀路65号
签约日期：2016年12月8日	签约日期：2016年12月8日

丽都市东方啤酒公司 合同专用章　　海华股份有限公司

注：此凭证不作为记账依据

图 3-6-1($\frac{2}{3}$)

中国建设银行
转账支票存根　（滇）

$\frac{E}{0}\frac{X}{2}$ 03302540

附加信息

出票日期 2016 年 12 月 11 日

收款人：海华股份有限公司
金　额：100 000.00 元
用　途：预付工程款

单位主管 张成栋 会计 李　松

图 3-6-1($\frac{3}{3}$)

商品购销合同

合同号:2016-161

甲方(购货方):丽都市东方啤酒公司

乙方(销货方):昆明宏利设备公司

本着平等互利的原则,经双方协商,共同订立如下合同:

一、双方必须有合法的营业执照,乙方所供商品必须有合法商标,根据不同商品分别提供生产、经营许可证、注册商标证、产品合格证、进口商品检验证等。

二、甲方向乙方订购以下商品:

序号	商品名称	规格型号	计量单位	数量	单价	金　额
	产品质量检测设备	ZJ-21000KW	台	1	250 000.00	250 000.00
	合计					250 000.00

三、到货时间:乙方在10日内发货,货物委托运输公司运输,费用由购货方承担。

四、货款结算:托收承付

五、合同一式 贰 份,双方盖章后生效。如违约须赔偿对方损失,按价款 30% 赔款,不可抗力除外。本合同在履行过程中,若发生纠纷或异议,双方协调解决。

甲方：丽都市东方啤酒公司
法人代表：王高平
账号：建行丽都市675843218977027
电话：　6885688
地址：丽都市永顺路88号
签约日期：2016年12月8日

乙方：昆明宏利设备公司
法人代表：王利团
账号：工行南坝路支行 584003298745216
电话：5786238
地址：昆明市南坝路45号
签约日期：2016年12月8日

注:此凭证不作为记账依据

图 3-6-2($\frac{1}{8}$)

5201898535 **云南省增值税专用发票** № 88645211

抵扣联

开票日期：2016年12月9日

购货单位	名　　称：东方啤酒公司 纳税人识别号：677856432198769 地 址、电 话：丽都市永顺路 88 号 6885688 开户行及账号：建行丽都市支行 675843218977027	密码区	154312-3-578<1+45*54* 163312><8182*69*08814 加密版本:02 <4<2*1702-8> 8*+<142< /0 4700030030 * 6/5*> > 2-3*0/8> > 88645211

货物或应税劳务、服务名称	规格型号	单位	数量	单价	金额	税率	税额
产品质量检测设备	ZJ-21000KW	台	1	250 000.00	250 000.00	17%	42 500.00
合　计					￥250 000.00		￥42 500.00
价税合计(大写)	贰拾玖万贰仟伍佰元整				(小写)￥292 500.00		

销货单位	名　　称：昆明宏利设备公司 纳税人识别号：667854321659876 地 址、电 话：昆明市南坝路45号 5786238 开户行及账号：工行南坝路支行 584003298745216	备注	昆明宏利设备公司 发票专用章

收款人：李春强　　复核：王　芳　　开票人：刘　菊　　销货单位：(章)

第二联 抵扣联 购货方扣税凭证

图 3-6-2($\frac{2}{8}$)

5201898535 **云南省增值税专用发票** № 88645211

发票联

开票日期：2016年12月9日

购货单位	名　　称：东方啤酒公司 纳税人识别号：677856432198769 地 址、电 话：丽都市永顺路 88 号 6885688 开户行及账号：建行丽都市支行 675843218977027	密码区	154312-3-578<1+45*54* 163312><8182*69*08814 加密版本:02 <4<2*1702-8> 8*+<142< /0 4700030030 * 6/5*> > 2-3*0/8> > 88645211

货物或应税劳务、服务名称	规格型号	单位	数量	单价	金额	税率	税额
产品质量检测设备	ZJ-21000KW	台	1	250 000.00	250 000.00	17%	42 500.00
合　计					￥250 000.00		￥42 500.00
价税合计(大写)	贰拾玖万贰仟伍佰元整				(小写)￥292 500.00		

销货单位	名　　称：昆明宏利设备公司 纳税人识别号：667854321659876 地 址、电 话：昆明市南坝路45号 5786238 开户行及账号：工行南坝路支行 584003298745216	备注	昆明宏利设备公司 发票专用章

收款人：李春强　　复核：王　芳　　开票人：刘　菊　　销货单位：(章)

第三联 发票联 购货方记账凭证

图 3-6-2($\frac{3}{8}$)

5201898535　　**云南省增值税专用发票**　　№ 85643781

抵扣联

开票日期：2016年12月9日

购货单位	名　　称：东方啤酒公司 纳税人识别号：677856432198769 地 址、电 话：丽都市永顺路 88 号 6885688 开户行及账号：建行丽都市支行 675843218977027			码区	154312-3-578<1+45*54* 163312><8182*69*08814 加密版本:006 <4<2*1702-8> 8*+<142< /0 4700030030 * 6/5*> > 2-3*0/8> >　25643787		
货物或应税劳务、服务名称	规格型号	单位	数 量	单价	金 额	税率	税　额
运费					6 756.76	11%	743.24
合　计					¥6 756.76	11%	¥743.24
价税合计(大写)	柒仟伍佰元整				(小写) ¥7 500.00		
销货单位	名　　称：昆明市大通运输公司 纳税人识别号：677833355621153 地址、电 话：昆明市东山路 125 号　5778777 开户行及账号：建行东山路支行 24874000586543213			备注			

收款人：江　明　　复核：刘明全　　开票人：张正铁　　销货单位：(章)

第二联　抵扣联　购货方扣税凭证

图 3-6-2($\frac{4}{8}$)

5201898535　　**云南省增值税专用发票**　　№ 85643781

发票联

开票日期：2016年12月9日

购货单位	名　　称：东方啤酒公司 纳税人识别号：677856432198769 地 址、电 话：丽都市永顺路 88 号 6885688 开户行及账号：建行丽都市支行 675843218977027			密码区	154312-3-578<1+45*54* 163312><8182*69*08814 加密版本:006 <4<2*1702-8> 8*+<142< /0 4700030030 * 6/5*> > 2-3*0/8> >　25643787		
货物或应税劳务、服务名称	规格型号	单位	数 量	单价	金 额	税率	税　额
运费					6 756.76	11%	743.24
合　计					¥6 756.76	11%	¥743.24
价税合计(大写)	柒仟伍佰元整				(小写) ¥7 500.00		
销货单位	名　　称：昆明市大通运输公司 纳税人识别号：677833355621153 地址、电 话：昆明市东山路 125 号　5778777 开户行及账号：建行东山路支行 24874000586543213			备注			

收款人：江　明　　复核：刘明全　　开票人：张正铁　　销货单位：(章)

第三联　发票联　购货方记账凭证

图 3-6-2($\frac{5}{8}$)

安 装 合 同

发包方(甲方)：丽都市东方啤酒公司

承包方(乙方)：便民机电安装公司

依照《中华人民共和国合同法》和丽都市的有关规定，经双方协商一致，签订本合同，并严肃履行。

第一条 工程项目

一、工程名称:产品质量检测设备安装

二、工程地点:丽都市东方啤酒公司

三、工程编号:2016ZJ

四、工程范围和内容:产品质量检测设备安装

五、工程造价:安装费6 000元

第二条 工程期限

一、开工日期:依照国家颁布的工期定额，经双方协商，本合同工程开竣工日期如下:

全部工程自2016年12月12日开工，至2016年12月16日竣工。

二、施工前各项准备工作，双方应依据工程协议书中第三条规定，分别负责按时完成。

第三条 物资供应

材料均由乙方负责采购供应。

第四条 违约责任和仲裁

一、由于乙方责任未按本合同规定的日期竣工，(以竣工验收合格日期计算)每逾期一天，应偿付给甲方按预算造价万分之一的逾期违约金；属于包工不包料的，每逾期一天，应偿付给甲方按预算人工费万分之二的逾期违约金。

二、甲乙双方不得借故拖欠各种应付款项，如拖期不付按银行的短期贷款利率偿付给对方逾期付款违约金。

第五条 合同份数及有效期

一、本合同一式两份，甲乙双方各执正本一份，并分别报送双方业务主管部门副本一份。

二、本合同自双方签订之日起生效，在全部工程竣工验收并结清尾款后失效。

甲方：丽都市东方啤酒公司　（印章：丽都市东方啤酒公司 合同专用章）

法人代表：王高平

账号：建行丽都市支行6758432189 77027

电话：6885688

地址：丽都市永顺路88号

签约日期：2016年12月12日

乙方：便民机电安装公司　（印章：便民机电安装公司 合同专用章）

法人代表：陈顺德

账号：工行滋兰路支行 584000654333211

电话：6783565

地址：丽都市滋兰路65号

签约日期：2016年12月12日

注:此凭证不作为记账依据

图 3-6-2($\frac{6}{8}$)

固定资产移交安装报告单

2016年12月12日

名　　称	规格型号	单位	数量	设备价款	预计使用年限	移交单位
产品质量检测设备	ZJ-20000KW	台	1	256 756.76	5 年	便民机电安装公司
合　　计						
备注						

部门主管：周　平　　会计：李　松　　制单：郭清泉

图 3-6-2($\frac{7}{8}$)

托　收　凭　证（付款通知）　　5

委托日期：2016年12月9日　　付款期限 2016年12月12日

<table>
<tr><td colspan="2">业务类型</td><td colspan="4">委托收款(□邮划 □电划)</td><td colspan="5">托收承付(□邮划 ☑电划)</td></tr>
<tr><td rowspan="3">付款人</td><td>全 称</td><td colspan="4">东方啤酒公司</td><td rowspan="3">收款人</td><td>全 称</td><td colspan="3">昆明宏利设备公司</td></tr>
<tr><td>账 号</td><td colspan="4">675843218977027</td><td>账 号</td><td colspan="3">584003298745216</td></tr>
<tr><td>地 址</td><td>云南省 丽都市 县</td><td>开户行</td><td colspan="2">建行丽都支行</td><td>地 址</td><td>云南省 昆明市 县</td><td>开户行</td><td>工行南坝路支行</td></tr>
</table>

金额	亿	千	百	十	万	千	百	十	元	角	分
人民币（大写）叁拾万元整			¥	3	0	0	0	0	0	0	0

款项内容	货款	托收凭据名称	托收承付	附寄单证张数	8 张
商品发运情况	已发运	合同名称号码	2016–161		

备注： 付款人开户银行收到日期 2016 年 12 月 11 日 复核　　记账	中国建设银行云南省分行 丽都支行 2016.12.12 转讫 付款人开户银行签章 2016 年 12 月 12 日	付款人注意： 1、根据支付结算办法，上列委托收款（托收承付）款项在付款期限未提出拒付，即视为同意付款，以此代付款通知 2、如需提出全部或部分拒付，应在规定期限内，将拒付理由书并附债务证明退交开户银行

此联是付款人开户银行给付款人按期付款通知

图 3–6–2($\frac{8}{8}$)

中国建设银行
转账支票存根　（滇）

$\frac{E}{0}\frac{X}{2}$ 03302543

附加信息

出票日期 2016 年 12 月 13 日

收款人：新世纪电脑城
金　额：49 725.00 元
用　途：电脑款

单位主管 张成栋　会计 李　松

图 3–6–3($\frac{1}{4}$)

5201896335　　**云南省增值税专用发票**　　№　56817817

抵扣联

开票日期：2016年12月13日

购货单位	名　　称：东方啤酒公司 纳税人识别号：677856432198769 地 址、电 话：丽都市永顺路 88 号　6885688 开户行及账号：建行丽都市支行 675843218977027				密码区	15258963-578<1+45*54* 163312><4122*69*08814 <4<2*1702-8>　8*+<142<　/0　314589761 *　6/5*>　>　2-3*0/8>　>　7547893141	
货物或应税劳务、服务名称	规格型号	单位	数量	单价	金额	税率	税　额
联想电脑	笔记本	台	5	8 500.00	42 500.00	17%	7 225.00
合　计					¥42 500.00	17%	¥7 225.00
价税合计(大写)	肆万玖仟柒佰贰拾伍元整				(小写)¥49 725.00		
销货单位	名　　称：新世纪电脑城 纳税人识别号：277856432188564 地址、电 话：丽都市振兴路 47 号　6522476 开户行及账号：工行振兴路支行 775843255566612				备注	新世纪电脑城 发票专用章	

收款人：何　明　　复核：王丽丽　　开票人：杨　霞　　销货单位：(章)

第二联　抵扣联　购货方扣税凭证

图 3-6-3($\frac{2}{4}$)

5201896335　　**云南省增值税专用发票**　　№　56817817

发票联

开票日期：2016年12月13日

购货单位	名　　称：东方啤酒公司 纳税人识别号：677856432198769 地 址、电 话：丽都市永顺路 88 号　6885688 开户行及账号：建行丽都市支行 675843218977027				密码区	15258963-578<1+45*54* 163312><4122*69*08814 <4<2*1702-8>　8*+<142<　/0　314589761 *　6/5*>　>　2-3*0/8>　>　7547893141	
货物或应税劳务、服务名称	规格型号	单位	数量	单价	金额	税率	税　额
联想电脑	笔记本	台	5	8 500.00	42 500.00	17%	7 225.00
合　计					¥42 500.00	17%	¥7 225.00
价税合计(大写)	肆万玖仟柒佰贰拾伍元整				(小写)¥49 725.00		
销货单位	名　　称：新世纪电脑城 纳税人识别号：277856432188564 地址、电 话：丽都市振兴路 47 号　6522476 开户行及账号：工行振兴路支行 775843255566612				备注	新世纪电脑城 发票专用章	

收款人：何　明　　复核：王丽丽　　开票人：杨　霞　　销货单位：(章)

第三联　发票联　购货方记账凭证

图 3-6-3($\frac{3}{4}$)

固定资产移交使用报告单

2016年12月13日

名 称	规格型号	单位	数量	设备价款	领用人
联想笔记本电脑	1455–31	台	1	8 500.00	张成栋
联想笔记本电脑	1455–32	台	1	8 500.00	王秋生
联想笔记本电脑	1455–33	台	1	8 500.00	董立飞
联想笔记本电脑	1455–34	台	1	8 500.00	张 所
联想笔记本电脑	1455–35	台	1	8 500.00	付一村
合　计			5	42 500.00	
备 注	张成栋财务部经理，王秋生系办公室主任，董立飞系营销部经理，张所系工程部主任，付一村系物流部经理				

使用部门主管：刘立强　　会计：李 松　　制单：郭清泉

图 3–6–3($\frac{4}{4}$)

5201896335　　**云南省增值税专用发票**　　№ 7564213

抵扣联

开票日期：2016年12月16日

购货单位	名　　称：东方啤酒公司 纳税人识别号：677856432198769 地 址、电 话：丽都市永顺路 88 号 6885688 开户行及账号：建行丽都市支行 675843218977027	密码区	154312–3–578<1+45*54* 163312><8182*69*08814 加密版本:02 <4<2*1702–8> 8*+<142< /0 4700030030 * 6/5*> > 2–3*0/8> > 7564213

货物或应税劳务、服务名称	规格型号	单位	数量	单价	金 额	税率	税 额
安装费用					6 000.00	11%	660.00
合　计					¥6 000.00		¥660.00
价税合计(大写)	陆仟陆佰陆拾元整				(小写) ¥6 660.00		

销货单位	名　　称：便民机电安装公司 纳税人识别号：667858763246554 地 址、电 话：丽都市滋兰路65号　6783565 开户行及账号：工行滋兰路支行　584000654333211	备注	

收款人：蒋 丽　　复核：邓晓冬　　开票人：徐 迪　　销货单位：(章)

第二联　抵扣联　购货方扣税凭证

图 3–6–4($\frac{1}{4}$)

5201896335　　**云南省增值税专用发票**　　№ 7564213

发票联

开票日期：2016年12月16日

购货单位	名称：东方啤酒公司 纳税人识别号：677856432198769 地址、电话：丽都市永顺路88号 6885688 开户行及账号：建行丽都市支行 675843218977027	密码区	154312-3-578<1+45*54* 163312><8182*69*08814 加密版本:02 <4<2*1702-8> 8*+<142< /0 4700030030 * 6/5*> > 2-3*0/8> > 7564213

货物或应税劳务、服务名称	规格型号	单位	数量	单价	金额	税率	税额
安装费用					6 000.00	11%	660.00
合　计					¥6 000.00		¥660.00
价税合计(大写)	陆仟陆佰陆拾元整				(小写)¥6 660.00		

销货单位	名称：便民机电安装公司 纳税人识别号：667858763246554 地址、电话：丽都市滋兰路65号 6783565 开户行及账号：工行滋兰路支行 584000654333211	备注	

收款人：蒋丽　　复核：邓晓冬　　开票人：徐迪　　销货单位：(章) 便民机电安装公司 发票专用章

第三联 发票联 购货方记账凭证

图 3-6-4($\frac{2}{4}$)

中国建设银行
转账支票存根 (滇)

$\frac{E}{0}\frac{X}{2}$ 03302545

附加信息

出票日期 2016年12月16日

收款人：便民机电安装公司
金　额：6 660.00元
用　途：安装费

单位主管 张成栋　会计 李松

图 3-6-4($\frac{3}{4}$)

固定资产移交使用报告单

2016年12月16日

名 称	规格型号	单位	数量	设备价款	预计使用年限	移交单位
产品质量检测设备	ZJ-21000KW	台	1	262 756.76	5 年	生产部
合计						
备注						

使用部门主管：周 平　　会计：李 松　　制单：郭清泉

图 3-6-4($\frac{4}{4}$)

公告编号：临2016—045

东方啤酒公司五届二十次董事会决议公告

本公司及董事会全体成员保证公告内容的真实、准确和完整，没有虚假记载、误导性陈述或者重大遗漏。

东方啤酒公司五届十五次董事会会议通知于2016年12月12日，以书面、传真方式发给公司10名董事，会议于2016年12月16日在公司五楼会议室召开。应到董事10人，实到董事9人，1名董事办理了委托，高小平独立董事委托胡力兴独立董事代其出席会议行使表决权，并在董事会决议上签字，符合《中华人民共和国公司法》和本公司章程的有关规定。会议由公司董事长王高平先生主持，公司监事、部分高管人员列席了本次会议。经审议，到会董事一致通过了如下决议：

会议以10票同意、0票反对、0票弃权的表决结果，审议通过了《东方啤酒公司关于出售资产的议案》：

本公司向丽都市电脑销售公司出售管理部门使用的联想台式电脑5台，交易价格总额5 000.00元。

本次公司向非控股公司出售资产的事项不属重大关联交易及资产交易事项，无须经过股东大会审批。免于按照相关规定披露和履行相应程序，符合云南证券交易所股票上市规则有关规定。

东方啤酒公司董事会

二〇一六年十二月十五日

（印章：丽都市东方啤酒公司 3700507788）

图 3-6-5($\frac{1}{2}$)

固定资产处置报告单

固定资产编号：　　2016年12月16日　　固定资产卡账号：6754

固定资产名称	规格型号	单位	数量	预计使用年限	原 值	月初折旧	当月应提折旧	预计净残值	备注
联想台式电脑		台	5	5	25 000.00	21 502	173	1 250	
使用部门：管理部门									
固定资产状况	出 售								
处理意见	使用部门	技术鉴定小组		固定资产管理部门			主管部门审批		
	同意出售 陈红英	同意出售 王艳梅		同意出售 陈红英			同意出售 刘立强		

图 3-6-5($\frac{2}{2}$)

商品购销合同

合同号:2016-163

甲方(购货方):丽都市东方啤酒公司

乙方(销货方):安全电梯厂

本着平等互利的原则,经双方协商,共同订立如下合同:

一、双方必须有合法的营业执照,乙方所供商品必须有合法商标,根据不同商品分别提供生产、经营许可证、注册商标证、产品合格证、进口商品检验证等。

二、甲方向乙方订购以下商品:

序号	商品名称	规格型号	计量单位	数量	单价	金　额
	电梯	DT—8F	台	1	400 000.00	400 000.00
	合计					400 000.00

三、到货时间:乙方在10日内送货上门并负责安装调试。甲方于安装完工时支付安装费4 000元。

四、货款结算:委托收款

五、合同一式 贰 份,双方盖章后生效。如违约须赔偿对方损失,按价款 30% 赔款,不可抗力除外。本合同在履行过程中,若发生纠纷或异议,双方协调解决。

甲方:丽都市东方啤酒公司
法人代表:王高平
账号:建行丽都市675843218977027
电话:6885688
地址:丽都市永顺路88号
签约日期:2016年12月14日

乙方:安全电梯厂
法人代表:姜　明
账号:建行翡翠路支行　675843216653241
电话:6503522
地址:丽都市翡翠路8号
签约日期:2016年12月14日

(印章:丽都市东方啤酒公司 合同专用章;丽都市安全电梯厂 合同专用章)

注:此凭证不作为记账依据

图 3-6-6($\frac{1}{5}$)

5201896335

云南省增值税专用发票

抵扣联

№　6542312

开票日期:2016年12月15日

购货单位	名　称:东方啤酒公司 纳税人识别号:677856432198769 地 址、电 话:丽都市永顺路 88 号　6885688 开户行及账号:建行丽都市支行 675843218977027	密码区	154312-3-578<1+45*54* 163312><8182*69*08814 加密版本:02 <4<2*1702-8> 8*+<142< /0 4700030030 * 6/5*> > 2-3*0/8> > 6542312				
货物或应税劳务、服务名称	规格型号	单位	数量	单价	金 额	税率	税　额
电　梯	DT—8F	台	1	400 000.00	400 000.00	17%	68 000.00
合　计					¥400 000.00		¥68 000.00
价税合计(大写)	肆拾陆万捌仟元整			(小写) ¥468 000.00			
销货单位	名　称:安全电梯厂 纳税人识别号:667858223465213 地 址、电 话:丽都市翡翠路8号　6503522 开户行及账号:建行翡翠路支行　675843216653241	备注					

收款人:胡　杏　　复核:陈　池　　开票人:徐明玉　　销货单位:(章)

第二联　抵扣联　购货方扣税凭证

图 3-6-6($\frac{2}{5}$)

5201896335　　**云南省增值税专用发票**　　№　6542312

发票联

开票日期：2016年12月15日

购货单位	名　　称：东方啤酒公司 纳税人识别号：677856432198769 地 址、电 话：丽都市永顺路 88 号 6885688 开户行及账号：建行丽都市支行 675843218977027				密码区	154312-3-578<1+45*54* 163312><8182*69*08814 加密版本:02 <4<2*1702-8> 8*+<142< /0 4700030030 * 6/5*> > 2-3*0/8> > 6542312		
货物或应税劳务、服务名称	规格型号	单位	数量	单价	金 额	税率	税　额	
电　　梯	DT—8F	台	1	400 000.00	400 000.00	17%	68 000.00	
合　　计					¥400 000.00		¥68 000.00	
价税合计(大写)	肆拾陆万捌仟元整				（小写）¥468 000.00			
销货单位	名　　称：安全电梯厂 纳税人识别号：667858223465213 地 址、电 话：丽都市翡翠路8号 6503522 开户行及账号：建行翡翠路支行 675843216653241				备注			

收款人：胡　杏　　复核：陈　池　　开票人：徐明玉　　销货单位：（章）

第三联　发票联　购货方记账凭证

图 3-6-6($\frac{3}{5}$)

固定资产移交安装报告单

2016年12月17日

名　称	规格型号	单位	数量	设备价款	预计使用年限	移交单位
电　梯	DT—8F	台	1	400 000.00	10 年	工程部
合计						
备注	行政楼改建工程					

使用部门主管：张　所　　会计：李　松　　制单：郭清泉

图 3-6-6($\frac{4}{5}$)

托收凭证(付款通知) 5

委托日期：2016年12月15日　　付款期限 2016年12月17日

<table>
<tr><td>业务类型</td><td colspan="5">委托收款(□邮划 □电划)</td><td colspan="6">托收承付(□邮划 ☑电划)</td></tr>
<tr><td rowspan="3">付款人</td><td>全称</td><td colspan="3">东方啤酒公司</td><td rowspan="3">收款人</td><td>全称</td><td colspan="4">安全电梯厂</td></tr>
<tr><td>账号</td><td colspan="3">675843218977027</td><td>账号</td><td colspan="4">675843216653241</td></tr>
<tr><td>地址</td><td>云南省 丽都市县</td><td>开户行</td><td>建行丽都支行</td><td>地址</td><td>云南省 丽都市县</td><td>开户行</td><td colspan="2">建行翡翠路支行</td></tr>
<tr><td>金额</td><td colspan="4">人民币(大写) 肆拾陆万捌仟元整</td><td colspan="6">亿 千 百 十 万 千 百 十 元 角 分
¥ 4 6 8 0 0 0 0 0</td></tr>
<tr><td>款项内容</td><td colspan="2">货款</td><td>托收凭据名称</td><td colspan="2">托收承付</td><td>附寄单证张数</td><td colspan="4">3 张</td></tr>
<tr><td colspan="2">商品发运情况</td><td colspan="3">已发运</td><td colspan="2">合同名称号码</td><td colspan="4">2016-163</td></tr>
<tr><td colspan="3">备注：
付款人开户银行收到日期
2016 年 12 月 16 日
复核　　记账</td><td colspan="3">付款人开户银行签章
2016 年 12 月 17 日</td><td colspan="5">付款人注意：
1. 根据支付结算办法，上列委托收款(托收承付)款项在付款期限未提出拒付，即视为同意付款，以此代付款通知
2. 如需提出全部或部分拒付，应在规定期限内，将拒付理由书并附债务证明退交开户银行</td></tr>
</table>

(印章：中国建设银行云南省分行 丽都支行 2016.12.17 转讫)

此联是付款人开户银行给付款人按期付款通知

图 3-6-6($\frac{5}{5}$)

5201896335　　**云南省增值税专用发票**　　№ 00206059

此联不作报销、扣税凭证使用　　开票日期：2016年12月19日

<table>
<tr><td>购货单位</td><td colspan="4">名　　称：丽都市电脑销售公司
纳税人识别号：587856412198723
地 址、电 话：丽都市和顺路 127 号 6873211
开户行及账号：建行和顺路支行 576843211277041</td><td>密码区</td><td colspan="3">254312-3-578<1+45*54*。54781147
163312><8182*69*0181425698742597
<4<2*1702-8> 8*+<142< /0
51110300322
* 6/5*> > 2-3*0/8> > 213658749325</td></tr>
<tr><td colspan="2">货物或应税劳务、服务名称</td><td>规格型号</td><td>单位</td><td>数量</td><td>单价</td><td>金额</td><td>税率</td><td>税额</td></tr>
<tr><td colspan="2">联想电脑</td><td>台式</td><td>台</td><td>5</td><td>1 000.00</td><td>5 000.00</td><td>17%</td><td>850.00</td></tr>
<tr><td colspan="2">合　计</td><td></td><td></td><td></td><td></td><td>¥5 000.00</td><td>17%</td><td>¥850.00</td></tr>
<tr><td colspan="2">价税合计(大写)</td><td colspan="7">伍仟捌佰伍拾元整　　(小写)¥5 850.00</td></tr>
<tr><td>销货单位</td><td colspan="4">名　　称：东方啤酒公司
纳税人识别号：677856432198769
地 址、电 话：丽都市永顺路 88 号 6885688
开户行及账号：建行丽都市支行 675843218977027</td><td>备注</td><td colspan="3">(印章：丽都市东方啤酒公司 发票专用章)</td></tr>
</table>

收款人：陈 芳　　复核：李 松　　开票人：张 平　　销货单位：(章)

第一联 记账联 销货方记账凭证

图 3-6-7($\frac{1}{2}$)

中国建设银行进账单（收账通知）3

2016年12月19日　　　　　　　　第　　号

<table>
<tr><td rowspan="3">出票人</td><td>全　　称</td><td>丽都市电脑销售公司</td><td rowspan="3">收款人</td><td>全　　称</td><td colspan="11">东方啤酒公司</td></tr>
<tr><td>账　　号</td><td>675843213335678</td><td>账　　号</td><td colspan="11">675843218977027</td></tr>
<tr><td>开户银行</td><td>建行城北支行</td><td>开户银行</td><td colspan="11">建行丽都市支行</td></tr>
<tr><td rowspan="2">金额</td><td colspan="4" rowspan="2">人民币(大写) 伍仟捌佰伍拾元整</td><td>亿</td><td>千</td><td>百</td><td>十</td><td>万</td><td>千</td><td>百</td><td>十</td><td>元</td><td>角</td><td>分</td></tr>
<tr><td></td><td></td><td></td><td></td><td>¥</td><td>5</td><td>8</td><td>5</td><td>0</td><td>0</td><td>0</td></tr>
<tr><td colspan="2">票据种类</td><td>转账支票</td><td>票据张数</td><td>1</td><td colspan="11" rowspan="3">中国建设银行云南省分行 丽都支行 2016.12.19 转讫
收款人开户银行盖章
2016 年 12 月 19 日</td></tr>
<tr><td colspan="2">票据号码</td><td colspan="3">765312</td></tr>
<tr><td colspan="5">单位主管　　会计　　复核　　记账</td></tr>
</table>

此联是收款人开户银行交收款人的收账通知

图 3-6-7($\frac{2}{2}$)

房 屋 销 售 合 同

甲方：新河房地产开发公司(以下简称甲方)

乙方：东方啤酒公司(以下简称乙方)

根据《合同法》及《城市房地产管理办法》及其他房产交易的法律、法规之规定,甲乙双方本着自愿协商一致的基础上就买卖房屋达成如下条款:

一、乙方购房的基本情况

乙方购房地址:丽都市永顺路88号所购房屋为风林小区第二幢住宅楼201、202号房,合同约定每套房屋面积为:100平方米。

二、总价款及付款方式

房屋2套,每套价格为人民币400 000.00元,总价800 000.00元。大写:捌拾万元整。

双方在签定合同时,乙方一次性付清购买该住宅楼的全部款额。

三、乙方逾期的违约责任

乙方自付定金后,甲乙双方必须履行合同,如有一方违约,必须按合同规定总价的20%赔付给另一方。

四、甲乙双方的责任和义务

1. 甲方保证房屋质量。
2. 甲方负责水电安装到每户门口,搭火费由乙方自付,室内毛糙地面,窗户为塑钢窗。
3. 甲方保证房屋半年内的修补,但不保证人为的损坏。
4. 房屋交付使用6个月内,如乙方需甲方代办房产证费用由乙方承担。

五、乙方不得改变房屋的主体结构,如确需改装,需由甲方同意,自行改装由此造成的损失由乙方自负。

六、本合同未尽事宜,可由双方约定后签定补充协议。

七、本合同一式两份,甲乙双方各执一份,自双方签字之日起生效。

甲方签字:新河房地产开发公司　　　　乙方签字:东方啤酒公司

2016年12月20日　　　　　　　　　　2016年12月20日

（印章:新河房地产开发公司 合同专用章;丽都市东方啤酒公司 8700507788）

图 3-6-8($\frac{1}{5}$)

中国建设银行
转账支票存根　（滇）

$\frac{E}{0}\frac{X}{2}$ 03302552

附加信息

出票日期 2016 年 12 月 20 日

收款人：新河房地产开发公司
金　额：936 000.00 元
用　途：购房款

单位主管 张成栋　会计 李　松

图 3-6-8($\frac{2}{5}$)

5201896335　　　云南省增值税专用发票　　　№ 32543714

抵扣联

开票日期：2016年12月20日

<table>
<tr><td rowspan="1">购货单位</td><td colspan="3">名　　称：东方啤酒公司
纳税人识别号：677856432198769
地 址、电 话：丽都市永顺路 88 号 6885688
开户行及账号：建行丽都市支行 675843218977027</td><td>密码区</td><td colspan="3">251712-3-578<1+45*54*124879524325498
163312><8182*69*01814524781935746584
47<2*1702-8> 8*+<142< /0
3325874965874
* 6/5*> > 2-3*0/8> >　325471896</td></tr>
<tr><td>货物或应税劳务、服务名称</td><td>规格型号</td><td>单位</td><td>数 量</td><td>单价</td><td>金 额</td><td>税率</td><td>税 额</td></tr>
<tr><td>套房</td><td></td><td>套</td><td>2</td><td>400 000.00</td><td>800 000.00</td><td>17%</td><td>136 000.00</td></tr>
<tr><td>合　计</td><td></td><td></td><td></td><td></td><td>¥800 000.00</td><td>17%</td><td>¥136 000.00</td></tr>
<tr><td>价税合计(大写)</td><td colspan="7">玖拾叁万陆仟元整　　　（小写）¥936 000.00</td></tr>
<tr><td>销货单位</td><td colspan="3">名　　称：新河房地产开发公司
纳税人识别号：425856432688778
地 址、电 话：丽都市永顺路 239 号 6888888
开户行及账号：建行丽都市支行 29584341897705743</td><td>备注</td><td colspan="3">新河房地产开发公司 发票专用章</td></tr>
</table>

第二联 抵扣联 购货方扣税凭证

收款人：杨明亮　　复核：吴芳菲　　开票人：李开明　　销货单位：（章）

图 3-6-8($\frac{3}{5}$)

5201896335　　**云南省增值税专用发票**　　№　32543714

发票联

开票日期：2016年12月20日

购货单位	名　　称：东方啤酒公司 纳税人识别号：677856432198769 地 址、电 话：丽都市永顺路 88 号 6885688 开户行及账号：建行丽都市支行 675843218977027	密码区	251712-3-578<1+45*54*124879524325498 163312><8182*69*0181452478193574658 4 47<2*1702-8> 8*+<142< /0 3325874965874 * 6/5*> > 2-3*0/8> >　325471896

货物或应税劳务、服务名称	规格型号	单位	数 量	单价	金 额	税率	税　额
套房		套	2	400 000.00	800 000.00	17%	136 000.00
合　计					￥800 000.00	17%	￥136 000.00
价税合计(大写)	玖拾叁万陆仟元整				(小写)￥936 000.00		

销货单位	名　　称：新河房地产开发公司 纳税人识别号：425856432688778 地 址、电 话：丽都市永顺路 239 号 6888888 开户行及账号：建行丽都市支行 29584341897705743	备注	新河房地产开发公司 发票专用章

收款人：杨明亮　　复核：吴芳菲　　开票人：李开明　　销货单位：(章)

第三联　发票联　购货方记账凭证

图 3-6-8($\frac{4}{5}$)

固定资产移交使用报告单

2016年12月20日

名　称	规格型号	单位	数量	住房价款	预计使用年限	移交单位
住房	100m^2	套	2	936 000.00	50 年	办公室
合计						
备注						

使用部门主管：王秋生　　会计：李　松　　制单：郭清泉

图 3-6-8($\frac{5}{5}$)

领 料 单

材料科目：周转材料
领料车间(部门)：工程部
用途：安装电梯　　2016年12月25日　　材料类别：低值易耗品
编号：08412

材料编号	材料名称	规格	计量单位	数量		实际成本	
				请领	实发	单位成本	金额
	润滑油		千克	30	30		
备注	行政楼改建工程用						

第三联 记账联

记账：段自立　　发料：付 华　　领料部门：工程部　　领料人：张艳芳

图 3-6-9($\frac{1}{2}$)

进项税额转出计算单

2016年12月25日　　单位：元

材料名称	用途	实际成本			增值税税率	进项税转出额
		数量	单价	金额		
润滑油						
合计						

图 3-6-9($\frac{2}{2}$)

实训七 无形资产

收 据

收到：东方啤酒公司　　2016年12月5日　　415421

摘要	千	百	十	万	千	百	十	元	角	分
拍卖保证金		¥	3	0	0	0	0	0	0	0
合计人民币(大写)叁拾万元整										
备注：拍卖保证金										

第三联 记账联

收款单位(财务公章)　　会计：袁世清　　收款人：段 荣　　经手人：李锦江

图 3-7-1($\frac{1}{2}$)

中国建设银行
转账支票存根　（滇）
$\frac{E}{0}\frac{X}{2}$ 03302535
附加信息

出票日期 2016 年 12 月 5 日

收款人：丽都市国有土地交易中心
金　额：300 000.00 元
用　途：拍卖保证金

单位主管 张成栋　会计 李　松

图 3-7-1($\frac{2}{2}$)

中国建设银行
转账支票存根　（滇）
$\frac{E}{0}\frac{X}{2}$ 03302536
附加信息

出票日期 2016 年 12 月 7 日

收款人：丽都市国有土地交易中心
金　额：3 030 000.00 元
用　途：拍卖余款

单位主管 张成栋　会计 李　松

图 3-7-2($\frac{1}{4}$)

丽国用(2016)第0315号

土地使用权人	丽都市东方啤酒公司			
落座	丽都市永顺路 25 号			
地号		图号		
地类(用途)	工业用	取得价格		3 000 000.00
使用权类型	出让	终止日期		2066 年 12 月 8 日
使用权面积	10 亩	其中	使用面积	10 亩
			分摊面积	0

根据《中华人民共和国宪法》、《中华人民共和国土地管理法》等法律法规，为保护土地使用权人的合法权益，对土地使用权人申请登记的本证所列土地权利，经审查核实，准予登记，颁发此证。

丽都市人民政府
2016年12月7日

图 3-7-2($\frac{2}{4}$)

5201896335　　**云南省增值税专用发票**　　№　76683712

抵扣联

开票日期：2016年12月7日

购货单位	名　　称：东方啤酒公司 纳税人识别号：677856432198769 地 址、电 话：丽都市永顺路 88 号 6885688 开户行及账号：建行丽都市支行 675843218977027				密码区	754312-3-578<1+45*54*12478561 2163312><8182*69*088141248754 加密版本:07 3<4<2*1702-8> 8*+<142< /0 4700030030 4* 6/5*> > 2-3*0/8> > 464378731472		
货物或应税劳务、服务名称	规格型号	单位	数 量	单价	金 额	税率	税　额	
土地使用权		亩	10	300 000.00	3 000 000.00	11%	330 000.00	
合　计					¥3 000 000.00	11%	¥330 000.00	
价税合计(大写)	叁佰叁拾叁万元整				（小写）¥3 330 000.00			
销货单位	名　　称：丽都市国有土地交易中心 纳税人识别号：367852342256137 地址、电 话：丽都市南平路 77 号　6868528 开户行及账号：建行南平路支行 774000534563576				备注	丽都市国有土地交易中心 发票专用章		

收款人：段　荣　　复核：袁世清　　开票人：李锦江　　销货单位：（章）

第二联　抵扣联　购货方扣税凭证

图 3-7-2($\frac{3}{4}$)

5201896335　　**云南省增值税专用发票**　　№　76683712

发票联

开票日期：2016年12月7日

购货单位	名　　称：东方啤酒公司 纳税人识别号：677856432198769 地 址、电 话：丽都市永顺路 88 号 6885688 开户行及账号：建行丽都市支行 675843218977027				密码区	754312-3-578<1+45*54*12478561 2163312><8182*69*088141248754 加密版本:07 3<4<2*1702-8> 8*+<142< /0 4700030030 4* 6/5*> > 2-3*0/8> > 464378731472		
货物或应税劳务、服务名称	规格型号	单位	数 量	单价	金 额	税率	税　额	
土地使用权		亩	10	300 000.00	3 000 000.00	11%	330 000.00	
合　计					¥3 000 000.00	11%	¥330 000.00	
价税合计(大写)	叁佰叁拾叁万元整				（小写）¥3 330 000.00			
销货单位	名　　称：丽都市国有土地交易中心 纳税人识别号：367852342256137 地址、电 话：丽都市南平路 77 号　6868528 开户行及账号：建行南平路支行 774000534563576				备注	丽都市国有土地交易中心 发票专用章		

收款人：段　荣　　复核：袁世清　　开票人：李锦江　　销货单位：（章）

第三联　发票联　购货方记账凭证

图 3-7-2($\frac{4}{4}$)

费　用　报　销　单

报销日期：2016年12月17日　　　　附件1张

<table>
<tr><td>费用项目</td><td>类别</td><td>金额</td><td rowspan="2">单位负责人
（签　章）</td><td rowspan="2">李志刚</td></tr>
<tr><td>研发支出</td><td>费用化支出</td><td>7 700.00</td></tr>
<tr><td>应交税费</td><td>增值税</td><td>289.00</td><td rowspan="2">审查意见</td><td rowspan="2">同意报销</td></tr>
<tr><td></td><td></td><td></td></tr>
<tr><td></td><td></td><td rowspan="3">转账付讫</td><td rowspan="3">报销人</td><td rowspan="3">张　青</td></tr>
<tr><td></td><td></td></tr>
<tr><td></td><td></td></tr>
<tr><td>报销金额合计</td><td></td><td>￥7 989.00</td><td></td><td></td></tr>
<tr><td colspan="5">核实金额（大写）：柒仟玖佰捌拾玖元整</td></tr>
<tr><td colspan="5">借款数　　　　应退数　　　　应补金额：￥7 989.00</td></tr>
<tr><td>列支渠道</td><td colspan="4">研究支出</td></tr>
</table>

审核：张成栋　　　　出纳：陈　芳

图 3-7-3($\frac{1}{6}$)

5201896335　　　　**云南省增值税专用发票**　　　　№　52467382

抵扣联

开票日期：2016年12月17日

<table>
<tr><td rowspan="4">购货单位</td><td colspan="4">名　　称：东方啤酒公司
纳税人识别号：677856432198769
地 址、电 话：丽都市永顺路88号　6885688
开户行及账号：建行丽都市支行675843218977027</td><td>密码区</td><td colspan="3">234312-3-578<1+45*54*2486
163312><8182*69*0881413795
加密版本:02
<4<2*1702-8> 8*+<142< /0 4700030030
* 6/5*> > 2-3*0/8> >　2564378721357</td></tr>
<tr><td colspan="2">货物或应税劳务、服务名称</td><td>规格型号</td><td>单位</td><td>数 量</td><td>单价</td><td>金 额</td><td>税率</td><td>税　额</td></tr>
<tr><td colspan="2">笔记本</td><td></td><td>本</td><td>10</td><td>30.00</td><td>300.00</td><td></td><td></td></tr>
<tr><td colspan="2">打印纸</td><td></td><td>件</td><td>12</td><td>100.00</td><td>1 200.00</td><td></td><td></td></tr>
<tr><td colspan="2">碳素笔</td><td></td><td>盒</td><td>10</td><td>20.00</td><td>200.00</td><td></td><td></td></tr>
<tr><td colspan="2">合　计</td><td></td><td></td><td></td><td></td><td>￥1 700.00</td><td>17%</td><td>￥289.00</td></tr>
<tr><td colspan="2">价税合计（大写）</td><td colspan="7">壹仟玖佰捌拾玖元整　　　　（小写）￥1 989.00</td></tr>
<tr><td>销货单位</td><td colspan="4">名　　称：云南丽都市华乐文具店
纳税人识别号：467852542256132
地址、电 话：丽都市和平路36号　6867522
开户行及账号：工行和平路支行 274000537563228</td><td>备注</td><td colspan="3">华乐文具店 发票专用章</td></tr>
</table>

第二联　抵扣联　购货方扣税凭证

收款人：李丽涛　　复核：王洪景　　开票人：张芳芳　　销货单位：（章）

图 3-7-3($\frac{2}{6}$)

5201896335 **云南省增值税专用发票** № 52467382

发票联

开票日期：2016年12月17日

购货单位	名　　称：东方啤酒公司 纳税人识别号：677856432198769 地 址、电 话：丽都市永顺路88号 6885688 开户行及账号：建行丽都市支行675843218977027	密码区	234312-3-578<1+45*54*2486 163312><8182*69*0881413795 加密版本:02 <4<2*1702-8> 8*+<142< /0 4700030030 * 6/5*> > 2-3*0/8> > 2564378721357

货物或应税劳务、服务名称	规格型号	单位	数量	单价	金额	税率	税额
笔记本		本	10	30.00	300.00		
打印纸		件	12	100.00	1 200.00		
碳素笔		盒	10	20.00	200.00		
合　计					¥1 700.00	17%	¥289.00
价税合计(大写)	壹仟玖佰捌拾玖元整				(小写)¥1 989.00		

销货单位	名　　称：云南丽都市华乐文具店 纳税人识别号：467852542256132 地址、电 话：丽都市和平路36号 6867522 开户行及账号：工行和平路支行 274000537563228	备注	华乐文具店 发票专用章

收款人：李丽涛　　复核：王洪景　　开票人：张芳芳　　销货单位：(章)

第三联 发票联 购货方记账凭证

图 3-7-3($\frac{3}{6}$)

中国建设银行
转账支票存根 (滇)

$\frac{E}{0}\frac{X}{2}$ 03302547

附加信息

出票日期 2016 年 12 月 17 日

收款人：华乐文具店
金　额：1 989.00 元
用　途：购买办公用品

单位主管 张成栋　会计 李　松

图 3-7-3($\frac{4}{6}$)

中国建设银行
转账支票存根　（滇）

$\frac{E}{0}\frac{X}{2}$ 03302548

附加信息

出票日期　2016 年 12 月 17 日

收款人：丽都市酒业协会
金　额：6 000.00 元
用　途：专家论证费

单位主管 张成栋　会计 李　松

图 3-7-3($\frac{5}{6}$)

5300152250　　**云南省增值税普通发票**　　№　521478541

发票联

开票日期：2016年12月17日

购货单位	名称：东方啤酒公司 纳税人识别号：677856432198769 地址、电话：丽都市永顺路88号　6885688 开户行及账号：建行丽都市支行675843218977027				密码区	251712-3-578<1+45*54*124879524325498 163312><8182*69*018145247819357465847 47<2*1702-8> 8*+<142< /0 3325874965874 * 6/5*> > 2-3*0/8> >　325471896		
货物或应税劳务、服务名称	规格型号	单位	数量	单价	金额	税率	税额	
专家论证费					5 660.38	6%	339.62	
合　计					￥5 660.38	6%	￥339.62	
价税合计(大写)	陆仟元整			（小写）￥6 000.00				
销货单位	名称：恒阳区国家税务局代开专票特殊纳税人 纳税人识别号：567852225225715l　（代开机关） 地址、电话：丽都市学府路89号　6865368 开户行及账号：工行学府路支行　254325486763222				备注	代开企业名称：丽都市酒业协会 丽都市酒业协会 财务专用章		

收款人：王红仁　复核：张含硕　开票人：张一娇　销货单位：（章）

第二联　发票联　购货方记账凭证

图 3-7-3($\frac{6}{6}$)

商品购销合同

合同号:2016-168

甲方(购货方):丽都市东方啤酒公司

乙方(销货方):云南庆谊公司

本着平等互利的原则,经双方协商,共同订立如下合同:

一、双方必须有合法的营业执照,乙方所供商品必须有合法商标,根据不同商品分别提供生产、经营许可证、注册商标证、产品合格证、进口商品检验证等。

二、甲方向乙方订购以下商品:

序号	商品名称	规格型号	计量单位	数量	单价	金额
	大　米		吨	1.5	3 400.00	5 100.00
	合　计					5 100.00

三、到货时间:乙方在10日内发货,货物由购货方自行运输。

四、货款结算:货到付款。

五、合同一式 贰 份,双方盖章后生效。如违约须赔偿对方损失,按价款 30% 赔款,不可抗力除外。

本合同在履行过程中,若发生纠纷或异议,双方协调解决。

甲方:丽都市东方啤酒公司　　乙方:云南庆谊公司

法人代表:王高平　　法人代表:夏 梅

账号:建行丽都市支行675843218977027　　账号:工行正怀路支行 584000586543213

电话:6885688　　电话:6578321

地址:丽都市永顺路88号　　地址:江城市正怀路78号

签约日期:2016年12月19日　　签约日期:2016年12月19日

注:此凭证不作为记账依据

图 3-7-4($\frac{1}{5}$)

6013985821　　**云南省增值税专用发票**　　№ 25643790

抵扣联

开票日期:2016年12月19日

购货单位	名　称:东方啤酒公司 纳税人识别号:677856432198769 地址、电话:丽都市永顺路 88 号 6885688 开户行及账号:建行丽都市支行 675843218977027	密码区	154312-3-578<1+45*54* 163312><8182*69*08814 加密版本:02 <4<2*1702-8> 8*+<142< /0 4700030030 * 6/5*> > 2-3*0/8> > 25643790

货物或应税劳务、服务名称	规格型号	单位	数量	单价	金额	税率	税额
大　米		吨	1.5	3 400.00	5 100.00	17%	867.00
合　计					￥5 100.00		￥867.00
价税合计(大写)	伍仟玖佰陆拾柒元整				(小写)￥5 967.00		

销货单位	名　称:云南庆谊公司 纳税人识别号:667852621345658 地址、电话:江城市正怀路78号 6578321 开户行及账号:工行正怀路支行 584000586543213	备注	

收款人:钟晓耕　　复核:刘 桂　　开票人:王 月　　销货单位:(章)

第二联 抵扣联 购货方扣税凭证

图 3-7-4($\frac{2}{5}$)

6013985821　　　　**云南省增值税专用发票**　　　　№　25643790

发票联

开票日期：2016年12月19日

购货单位	名　称：东方啤酒公司 纳税人识别号：677856432198769 地 址、电 话：丽都市永顺路 88 号　6885688 开户行及账号：建行丽都市支行 675843218977027				密码区	154312-3-578<1+45*54* 163312><8182*69*08814 加密版本:02 <4<2*1702-8> 8*+<142< /0 4700030030 * 6/5*> > 2-3*0/8> >　25643790		
货物或应税劳务、服务名称	规格型号	单位	数量	单价	金 额	税率	税 额	
大　米		吨	1.5	3 400.00	5 100.00	17%	867.00	
合　计					¥5 100.00		¥867.00	
价税合计(大写)	伍仟玖佰陆拾柒元整				(小写) ¥5 967.00			
销货单位	名　称：云南庆谊公司 纳税人识别号：667852621345658 地 址、电 话：江城市正怀路78号　6578321 开户行及账号：工行正怀路支行　584000586543213				备注	庆谊公司 发票专用章		

收款人：钟晓耕　　复核：刘　桂　　开票人：王　月　　销货单位：(章)

第三联 发票联 购货方记账凭证

图 3-7-4($\frac{3}{5}$)

托　收　凭　证(付款通知)　　　5

委托日期：2016年12月19日　　付款期限 2016年12月21日

业务类型	委托收款(☑邮划 ☐电划)　　托收承付(☐邮划 ☑电划)					
付款人	全 称	东方啤酒公司	收款人	全 称	云南庆谊公司	
	账 号	675843218977027		账 号	584000586543213	
	地 址	云南省 丽都市 县　开户行　建行丽都市支行		地 址	云南省 丽都市 县　开户行　工行正怀路支行	
金额	人民币（大写）伍仟玖佰陆拾柒元整			亿 千 百 十 万 千 百 十 元 角 分	¥ 5 9 6 7 0 0	
款项内容	货款	托收凭据名称	托收承付	附寄单证张数	3	
商品发运情况	已发运		合同名称号码	2016-168		
备注： 付款人开户银行收到日期 2016 年 12 月 21 日 复核　　记账	中国建设银行云南省分行 丽都支行 2016.12.21 转讫 付款人开户银行签章 2016 年 12 月 21 日		付款人注意： 1. 根据支付结算办法，上列委托收款(托收承付)款项在付款期限未提出拒付，即视为同意付款，以此代付款通知 2. 如需提出全部或部分拒付，应在规定期限内，将拒付理由书并附债务证明退交开户银行			

此联是付款人开户银行给付款人按期付款通知

图 3-7-4($\frac{4}{5}$)

费 用 报 销 单

报销日期：2016年12月21日　　　　附件4张

费用项目	类别	金额	单位负责人（签　章）	李志刚
研发支出	资本化支出	5 100.00		
应交税费	增值税	867.00	审查意见	同意报销
		转账付讫		
			报销人	张　青
报销金额合计		¥5 967.00		
核实金额(大写)：伍仟玖佰陆拾柒元整				
借款数	应退数	应补金额：¥5 967.00		
列支渠道	试制新产品			

审核：张成栋　　　　出纳：陈　芳

图 3-7-4($\frac{5}{5}$)

发明专利证书

发明名称:滴滴香白酒生产专利

发明人:东方啤酒公司

专利号:SL08113456　　估计专利主分类号:C05D26S02

专利申请日:2016年6月30日

专利权人:东方啤酒公司

授权公告日:2016年12月22日

证书号　第151164号

本发明已由本局依照专利法进行审查,决定于2016年12月22日授予专利权，颁发本证书并在专利登记薄上予以登记。专利权自证书颁发之日起生效。

本专利的专利权期限为十五年，自申请日起算。专利权人应当依照专利法及其实施细则规定缴纳年费。缴纳本专利年费的期限是每年1月31日前一个月内。未按照规定缴纳年费的,专利权自应当缴纳年费期满之日起终止。

专利证书记载专利权登记时的法律状况。专利权的转让、继承、撤销、无效、终止和专利权人的姓名或名称、国籍、地址变更等事项记载在专利登记薄上。

中华人民共和国国家知识产权局

局长 **张大力**　　中华人民共和国专利局　2016年12月22日

图 3-7-5($\frac{1}{3}$)

中国建设银行
转账支票存根 (滇)

$\frac{E}{0}\frac{X}{2}$ 03302554

附加信息

出票日期 2016 年 12 月 22 日

收款人：国家知识产权局
金 额：20 000.00 元
用 途：注册登记费

单位主管 张成栋 会计 李 松

图 3-7-5($\frac{2}{3}$)

5300152250

云南省增值税普通发票

发票联

№ 521479145

开票日期：2016年12月22日

<table>
<tr><td rowspan="4">购货单位</td><td colspan="4">名 称：东方啤酒公司</td><td rowspan="4">密码区</td><td colspan="3">154312-3-578<1+45*54*357159</td></tr>
<tr><td colspan="4">纳税人识别号：677856432198769</td><td colspan="3">163312><8182*69*08814258357 加密版本:02</td></tr>
<tr><td colspan="4">地 址、电 话：丽都市永顺路88号 6885688</td><td colspan="3"><4<2*1702-8> 8*+<142< /0 475403003012</td></tr>
<tr><td colspan="4">开户行及账号：建行丽都市支行675843218977027</td><td colspan="3">* 6/5*> > 2-3*0/8> > 2564378715963</td></tr>
<tr><td colspan="2">货物或应税劳务、服务名称</td><td>规格型号</td><td>单位</td><td>数量</td><td>单价</td><td>金额</td><td>税率</td><td>税额</td></tr>
<tr><td colspan="2">注册登记费</td><td></td><td></td><td></td><td></td><td>18 867.92</td><td>6%</td><td>1 132.08</td></tr>
<tr><td colspan="2">合 计</td><td></td><td></td><td></td><td></td><td>¥18 867.92</td><td>6%</td><td>¥1 132.08</td></tr>
<tr><td colspan="2">价税合计(大写)</td><td colspan="7">贰万元整 (小写)¥20 000.00</td></tr>
<tr><td rowspan="4">销货单位</td><td colspan="4">名 称：恒阳区国家税务局
代开专票特殊纳税人</td><td rowspan="4">备注</td><td colspan="3" rowspan="4">代开企业名称：丽都市国家知识产权局</td></tr>
<tr><td colspan="4">纳税人识别号：567852225225 7151 (代开机关)</td></tr>
<tr><td colspan="4">地址、电 话：丽都市学府路89号 6865368</td></tr>
<tr><td colspan="4">开户行及账号：工行学府路支行 254325486763222</td></tr>
</table>

第二联 发票联 购货方记账凭证

收款人：徐自平 复核：李力南 开票人：张一娇 销货单位：(章)

图 3-7-5($\frac{3}{3}$)

无形资产转让损益计算表

2016年12月25日

项　目	购入成本	累计摊销	售　价	增值税		转让损益
				税　率	税　额	

图 3-7-6($\frac{1}{4}$)

专利权转让合同

转让方名称:丽都市东方啤酒公司

受让方名称:贵州大力啤酒有限公司

前言(鉴于条款)

——鉴于转让方丽都市东方啤酒公司拥有啤酒普通灌装技术。

——鉴于受让方贵州大力啤酒有限公司对上述专利权的了解,希望获得该专利权。

——鉴于转让方同意将其拥有的专利权转让给受让方。双方一致同意签订本合同。

第一条　转让方向受让方交付资料

啤酒普通灌装专有技术的全部相关资料。

第二条　交付资料的时间、地点及方式

1. 交付资料的时间

合同生效后,转让方收到受让方支付给转让方的转让费后2日内,转让方向受让方交付合同第一条所述的全部资料。

2. 交付资料的方式和地点

转让方将上述全部资料以面交方式递交给受让方。

第三条　转让费及支付方式

本合同涉及的专利权的转让费价税为318 000.00,采用一次付清方式,在合同生效之日起5日内,受让方将转让费全部汇至转让方的账号。

第四条　违约及索赔

对转让方:

转让方拒不交付合同规定的全部资料,办理专利权转让手续的,受让方有权解除合同,要求转让方返还转让费,并支付违约金。

对受让方:

受让方拒付转让费,转让方有权解除合同要求返还全部资料,并要求赔偿其损失或支付违约金30万。

第五条　争议的解决办法

1. 双方在履行合同中发生争执的,应按本合同条款,友好协商,自行解决。

2. 双方不能协商解决争议的,提请受让方所在地或合同签约地专利管理机关调处,对调处结果不服的,向法院起诉。

甲方:丽都市东方啤酒公司	乙方:贵州大力啤酒有限公司
法人代表:王高平	法人代表:寸明伟
账号:建行丽都市支行675843218977027	账号:建行贵阳市支行546843218984689
电话:6885688	电话:5786968
地址:丽都市永顺路88号	地址:贵阳市幸福路22号
签约日期:　2016年12月20日	签约日期:2016年12月20日

(印章:丽都市东方啤酒公司 合同专用章;贵州大力啤酒有限公司 合同专用章)

注:此凭证不作为记账依据

图 3-7-6($\frac{2}{4}$)

中国建设银行信汇凭证 (收账通知)　　4

委托日期：2016年12月20日

汇款人	全　称	贵州大力啤酒有限公司	收款人	全　称	丽都市东方啤酒公司
	账　号	546843218984689		账　号	675843218977027
	汇出地点	贵州省贵阳市		汇入地点	云南省丽都市
汇出行名称		建行贵阳市支行	汇入行名称		建行丽都市支行
金额	人民币(大写) 叁拾壹万捌仟元整				百 十 万 千 百 十 元 角 分 ¥ 3 1 8 0 0 0 0 0
汇入行签章（印章：中国建设银行云南省分行 丽都支行 2016.12.25 转讫）					支付密码 附加信息及用途 复核　　记账

此联是汇入行给收款人的收账通知

图 3-7-6($\frac{3}{4}$)

5201896335　　**云南省增值税专用发票**　　№ 00206062

此联不作报销、扣税凭证使用　　开票日期：2016年12月25日

购货单位	名　　称：贵州大力啤酒有限公司 纳税人识别号：667852210589476 地 址、电 话：贵阳市幸福路 22 号 5786968 开户行及账号：建行贵阳市支行 546843218984689			密码区	22154312–3–578<1+45*54*5287413 163312><8182*69*08814358674253 加密版本:02 <4<2*1702–8> 8*+<142< /0 570418561 * 6/5*> > 2–3*0/8> > 206057521457		
货物或应税劳务、服务名称	规格型号	单位	数 量	单价	金 额	税率	税　额
啤酒普通灌装技术					300 000.00	6%	18 000.00
合　计					¥300 000.00	6%	¥18 000.00
价税合计(大写)	叁拾壹万捌仟元整				(小写) ¥318 000.00		
销货单位	名　　称：东方啤酒公司 纳税人识别号：677856432198769 地 址、电 话：丽都市永顺路 88 号 6885688 开户行及账号：建行丽都市支行 675843218977027			备注	（印章：丽都市东方啤酒公司 发票专用章）		

收款人：陈　芳　　复核：李　松　　开票人：张　平　　销货单位：(章)

第一联　记账联　销货方记账凭证

图 3-7-6($\frac{4}{4}$)

实训八　职工薪酬

费　用　报　销　单

报销日期：2016年12月3日　　　　附件1张(略)

费用项目	类别	金额	单位负责人（签 章）	刘立强
应付职工薪酬	职工教育经费	1 886.80		
应交税费	增值税	113.20	审查意见	同意报销
		现金付讫		
			报销人	王丽丽
报销金额合计		￥2 000.00		
核实金额(大写)：贰仟元整				
借款数	应退数	应补金额：￥2 000.00		
列支渠道	继续教育培训费			

审核：张成栋　　　　出纳：陈　芳

图 3-8-1($\frac{1}{3}$)

5301896335　　**云南省增值税专用发票**　　№　28643381

抵扣联

开票日期：2016年12月3日

购货单位	名称：东方啤酒公司 纳税人识别号：677856432198769 地址、电话：丽都市永顺路88号　6885688 开户行及账号：建行丽都市支行675843218977027			密码区	8634312-3-578<1+45*54*247269 163312><8182*69*08814159357 加密版本:02 <4<2*1702-8> 8*+<142< /0 4700030030 * 6/5*> > 2-3*0/8> >　2564378721258			
货物或应税劳务、服务名称	规格型号	单位	数量	单价	金额	税率	税额	
继续教育培训费		人	5	377.36	1 886.80	6%	113.20	
合　计					￥1 886.80	6%	￥113.20	
价税合计(大写)	贰仟元整			(小写)￥2 000.00				
销货单位	名称：恒阳区国家税务局 代开专票特殊纳税人 纳税人识别号：5678522252257151　(代开机关) 地址、电话：丽都市学府路89号　6865368 开户行及账号：工行学府路支行　254325486763222			备注	代开企业名称：丽都市职校 丽都市职校 财务专用章			

第二联　抵扣联　购货方扣税凭证

收款人：何国涛　　复核：王成坤　　开票人：王伟立　　销货单位：(章)

图 3-8-1($\frac{2}{3}$)

5301896335　　　　**云南省增值税专用发票**　　　　№　28643381

发票联

开票日期：2016年12月3日

购货单位	名　　称：东方啤酒公司 纳税人识别号：677856432198769 地 址、电 话：丽都市永顺路88号 6885688 开户行及账号：建行丽都市支行675843218977027	密码区	8634312-3-578<1+45*54*247269 163312><8182*69*08814159357 加密版本:02 <4<2*1702-8> 8*+<142< /0 4700030030 * 6/5*> > 2-3*0/8> > 2564378721258

货物或应税劳务、服务名称	规格型号	单位	数量	单价	金额	税率	税额
继续教育培训费		人	5	377.36	1 886.80	6%	113.20
合　计					¥1 886.80	6%	¥113.20
价税合计(大写)	贰仟元整			（小写）¥2 000.00			

销货单位	名　　称：恒阳区国家税务局 代开专票特殊纳税人 纳税人识别号：567852225225715１　(代开机关) 地址、电 话：丽都市学府路89号 6865368 开户行及账号：工行学府路支行 254325486763222	备注	代开企业名称：丽都市职校 丽都市职校 财务专用章

收款人：何国涛　　复核：王成坤　　开票人：王伟立　　销货单位：(章)

第三联 发票联 购货方记账凭证

图 3-8-1($\frac{3}{3}$)

费　用　报　销　单

报销日期：2016年12月5日　　　　附件1张(略)

费用项目	类别	金额	单位负责人(签 章)	刘立强
应付职工薪酬	工会经费	9 500.00		
			审查意见	同意报销
			报销人	姚小平
报销金额合计		¥9 500.00		
核实金额(大写)：玖仟伍佰元整				
借款数 10 000.00		应退数 500.00	应补金额	
列支渠道	冬运会支出			

审核：张成栋　　　　出纳：陈　芳

图 3-8-2($\frac{1}{2}$)

收　据

收到：姚小平　　2016年12月5日　　250110

<table>
<tr><td rowspan="2">摘　要</td><td colspan="10">金　额</td></tr>
<tr><td>千</td><td>百</td><td>十</td><td>万</td><td>千</td><td>百</td><td>十</td><td>元</td><td>角</td><td>分</td></tr>
<tr><td>退回多余借款</td><td></td><td></td><td></td><td></td><td>¥</td><td>5</td><td>0</td><td>0</td><td>0</td><td>0</td></tr>
<tr><td colspan="11">合计人民币(大写)：伍佰元整</td></tr>
<tr><td colspan="11">备注：工会活动费余款</td></tr>
</table>

第三联　记账联

现金收讫

收款单位(财务公章)　　会计：李　松　　收款人：陈　芳　　经手人：姚小平

图 3-8-2($\frac{2}{2}$)

工资结算汇总表

2016年11月30日　　单位：元

<table>
<tr><td rowspan="2" colspan="2">部门</td><td colspan="5">应付工资</td><td colspan="5">代扣款项</td><td rowspan="2">实发工资</td></tr>
<tr><td>基本工资</td><td>岗位工资</td><td>奖金</td><td>津贴补贴</td><td>合计</td><td>房租</td><td>电费</td><td>社保基金</td><td>住房公积金</td><td>合计</td></tr>
<tr><td colspan="2">行政管理人员</td><td>150 000</td><td>75 000</td><td>50 000</td><td>25 000</td><td>300 000</td><td>6 000</td><td>4 000</td><td>30 000</td><td>30 000</td><td>70 000</td><td>230 000</td></tr>
<tr><td rowspan="4">生产成本</td><td>高</td><td>35 000</td><td>14 000</td><td>8 000</td><td>6 000</td><td>63 000</td><td>1 000</td><td>600</td><td>6 300</td><td>6 300</td><td>14 200</td><td>48 800</td></tr>
<tr><td>低</td><td>48 000</td><td>26 000</td><td>14 000</td><td>11 000</td><td>99 000</td><td>2 200</td><td>1 100</td><td>9 900</td><td>9 900</td><td>23 100</td><td>75 900</td></tr>
<tr><td>罐</td><td>37 000</td><td>21 000</td><td>11 000</td><td>9 000</td><td>78 000</td><td>1 300</td><td>800</td><td>7 800</td><td>7 800</td><td>17 700</td><td>60 300</td></tr>
<tr><td>合</td><td>120 000</td><td>61 000</td><td>33 000</td><td>26 000</td><td>240 000</td><td>4 500</td><td>2 500</td><td>24 000</td><td>24 000</td><td>55 000</td><td>185 000</td></tr>
<tr><td colspan="2">车间管理人员</td><td>10 000</td><td>5 000</td><td>3 000</td><td>2 000</td><td>20 000</td><td>500</td><td>300</td><td>2 000</td><td>2 000</td><td>4 800</td><td>15 200</td></tr>
<tr><td colspan="2">销售机构人员</td><td>20 000</td><td>10 000</td><td>6 000</td><td>4 000</td><td>40 000</td><td>900</td><td>600</td><td>4 000</td><td>4 000</td><td>9 500</td><td>30 500</td></tr>
<tr><td colspan="2">合计</td><td>300 000</td><td>151 000</td><td>92 000</td><td>57 000</td><td>600 000</td><td>11 900</td><td>7 400</td><td>60 000</td><td>60 000</td><td>139 300</td><td>460 700</td></tr>
</table>

转账付讫

图 3-8-3($\frac{1}{2}$)

中国建设银行
转账支票存根 (滇)

$\frac{E}{0}\frac{X}{2}$ 03302537

附加信息

出票日期 2016 年 12 月 7 日

收款人:东方啤酒公司
金 额:460 700.00 元
用 途:发放 11 月份工资

单位主管 张成栋 会计 李 松

图 3-8-3($\frac{2}{2}$)

社会保障基金

同城特约委托收款凭证 (付款通知) **5**

委托日期:2016年12月7日 委托单位编号:035644

付款人	全称	东方啤酒公司	收款人	全称	丽都市社会保障局									
	账号或地址	677856432198769		账号	567856432135462									
	开户银行	建行丽都市支行		开户银行	中国工商银行丽都支行									
金额	人民币(大写)壹拾贰万元整				千	百	十	万	千	百	十	元	角	分
						¥	1	2	0	0	0	0	0	0
款项内容	社会保障基金	委托收款凭据名称	委托收款	附寄单证张数										
备注:2016 年 12 月至 2016 年 12 月 滞纳金: 逾期: 天,按规定标准计量 金额中包括:个人 60 000 元,单位 60 000 元。				付款人开户行签章 2016 年 12 月 7 日 (中国建设银行云南省分行 丽都支行 2016.12.07 转讫)										

此联是付款人开户银行给付款人按期付款的通知

图 3-8-4($\frac{1}{4}$)

住房公积金

同城特约委托收款凭证　（付款通知）　**5**

委托日期：2016年12月7日　　　　委托单位编号：026421

付款人	全　称	东方啤酒公司	收款人	全　称	丽都市住房公积金管理中心
	账　号 或地址	677856432198769		账　号	677856432156324
	开户银行	建行丽都市支行		开户银行	建行兰华路支行

金　额	人民币（大写）壹拾贰万元整	千	百	十	万	千	百	十	元	角	分
			¥	1	2	0	0	0	0	0	0

款　项 内　容	住房公积金	委托收款 凭据名称	委托收款	附寄单 证张数	

备注：2016 年 12 月至 2016 年 12 月 滞纳金：　　　逾期：　　　天，按规定标准计量 金额中包括：个人 60 000 元，单位 60 000 元。	中国建设银行云南省分行 丽都支行 2016.12.07 转讫 付款人开户行签章 2016 年 12 月 7 日

此联是付款人开户银行给付款人按期付款的通知

图 3-8-4（$\frac{2}{4}$）

中国建设银行（滇）
转账支票存根

$\frac{E}{0}\frac{X}{2}$ 03302538

附加信息

出票日期　2016 年 12 月 7 日

收款人：丽都市社会保障局
金　额：120 000.00 元
用　途：交纳社保基金

单位主管 张成栋　会计 李　松

图 3-8-4（$\frac{3}{4}$）

中国建设银行（滇）
转账支票存根

$\frac{E}{0}\frac{X}{2}$ 03302539

附加信息

出票日期　2016 年 12 月 7 日

收款人：丽都市住房公积金管理中心
金　额：120 000.00 元
用　途：交纳住房公积金

单位主管 张成栋　会计 李　松

图 3-8-4（$\frac{4}{4}$）

工 会 决 议

丽都市东方啤酒公司：

工会员工代表大会审议并通过为本公司遭受火灾损失的员工刘洪波给予1 000.00元生活困难补助。

丽都市东方啤酒公司工会

2016年12月7日

图 3-8-5($\frac{1}{2}$)

领 款 单

2016年12月8日

部 门	酿造车间	姓名	刘红波	领款用途	困难补助
领款金额	人民币(大写)壹仟元整		(小写)￥1 000.00		
实际报销金额		结余金额	现金付讫	负责人审核意见	同意领款 李志刚
		超支金额			
备注	职工福利费			结账日期	2016 年 12 月 8 日

财务主管 张成栋　　会计 李 松　　出纳 陈 芳　　领款人签章 刘红波

图 3-8-5($\frac{2}{2}$)

费 用 报 销 单

报销日期：2016年12月8日　　附件2张(略)

费用项目	类别	金额	单位负责人(签 章)	刘立强
应付职工薪酬	职工福利费	1 100.00		
			审查意见	同意报销
		现金付讫		
			报销人	李海强
报销金额合计		￥1 100.00		
核实金额(大写)：壹仟壹佰元整				
借款数	应退数	应补金额：￥1 100.00		
列支渠道	探亲路费			

审核：张成栋　　出纳：陈 芳

图 3-8-6($\frac{1}{1}$)

实训九　资金筹集

流动资金借款申请书

2016年12月11日

企业名称：东方啤酒公司　　　　所有制性质：股份制

申请借款金额	260 000.00 元
借款用途	流动资金周转需要
借款期限	3 个月
还款资金来源	销货款
申请企业：东方啤酒公司	负责人：刘立强
经办行审批意见：同意借款	

图 3-9-1($\frac{1}{3}$)

信用借款合同

经中国建设银行丽都市支行(下称贷款方)与东方啤酒公司(下称借款方)充分协商,根据《借款合同条例》和中国建设银行的有关规定签订本合同,共同遵守。

第一条　自 2016 年12月16日 起,由贷款方向借款方提供流动资金短期借款(种类)贷款(大写)贰拾陆万元,用于流动资金周转需要,还款期限至2017年3月16日止,利率按年息5%计算。如遇国家贷款利率调整,按调整后的新利率和计息方法计算。

第二条　贷款方应在符合国家信贷政策、计划的前提下,按期、按额向借款方提供贷款。否则,应按违约数额和延期天数付给借款方违约金。违约金数额的计算,与逾期贷款的加息同。

第三条　借款方愿遵守贷款方的有关贷款办法规定,并按本合同规定用途使用贷款。否则,贷款方有权停止发放贷款,收回或提前收回已发放的贷款。对违约部分,按规定加收5%利息。

第四条　借款方保证按期偿还贷款本息。利息到期一次归还。如需延期,借款方必须在贷款到期前提出书面申请,经贷款方审查同意,签订延期还款协议。借款方不申请延期或双方签订延期还款协议的,从逾期之日起,贷款方按规定加收 5% 的利息,并可随时从借款方存款账户中直接扣收逾期贷款本息。

借款方：东方啤酒公司
法人代表：王高平
账号：建行丽都市支行 675843218977027
电话：6885688
地址：丽都市永顺路88号
签约日期：2016年12月15日

贷款方：中国建设银行丽都支行
负责人：刘小丽
经办人：陈　程
电话：6785686
地址：丽都市永福路22号
签约日期：2016年12月15日

注:此凭据不作为记账依据。

图 3-9-1($\frac{2}{3}$)

贷款凭证 (3)(收账通知)

2016年12月16日

贷款单位	东方啤酒公司	种类	短期	贷款户账号	675843218977338
金 额	人民币(大写)贰拾陆万元整				千 百 十 万 千 百 十 元 角 分 ¥ 2 6 0 0 0 0 0 0
用 途	流动资金周转借款	单位申请期限		自2016年12月15日起至2017年3月15日	
		银行核定期限		自2016年12月16日起至2017年3月16日	
上述贷款已核准发放,并已划入你单位账号。 年利率5% 2016年12月16日 银行签章				单位会计分录 收入 付出 复核 记账 主管 会计	

图3-9-1($\frac{3}{3}$)

中国建设银行进账单(收账通知)3

2016年12月17日 第 号

出票人	全 称	新发证券有限公司	收款人	全 称	东方啤酒公司
	账 号	675843215789012		账 号	675843218977027
	开户银行	建行丽都市支行		开户银行	建行丽都市支行
金额	人民币(大写)壹佰壹拾肆万元整				亿 千 百 十 万 千 百 十 元 角 分 ¥ 1 1 4 0 0 0 0 0 0
票据种类	转账支票	票据张数	1		收款人开户银行盖章 2016年12月17日
票据号码	4596124				
单位主管 会计 复核 记账					

此联是收款人开户银行交给收款人的收账通知

图3-9-2($\frac{1}{3}$)

关于同意东方啤酒公司注册资本金变更的批复

丽都工商【2016】51号

东方啤酒公司:

你公司《关于要求变更资质证书注册资本金的请示》已收悉。经审核,上报材料符合股份制企业资质管理有关规定,同意你公司注册资本金增加100万元。

丽都市工商行政管理局

2016年12月17日

图3-9-2($\frac{2}{3}$)

证券发行结算清单

2016年12月17日

企业名称		东方啤酒公司
	面　值	1.00
	数　量	1 000 000 股
	单　价	1.20 元
	总　价	1 200 000.00 元
发行费用		60 000.00 元
发行净额		1 140 000.00 元

新发证券有限公司

图 3-9-2($\frac{3}{3}$)

信用借款合同

经中国建设银行丽都市支行(下称贷款方)与东方啤酒公司(下称借款方)充分协商,根据《借款合同条例》和中国建设银行的有关规定签订本合同,共同遵守。

第一条　自2016年12月18日起,由贷款方向借款方提供长期借款(种类)贷款(大写)壹佰万元,用于固定资产的购建,还款期限至2019年12月18日止,利率按年息8‰计算。如遇国家贷款利率调整,按调整后的新利率和计息方法计算。

第二条　贷款方应在符合国家信贷政策、计划的前提下,按期、按额向借款方提供贷款。否则,应按违约数额和延期天数付给借款方违约金。违约金数额的计算,与逾期贷款的加息同。

第三条　借款方愿遵守贷款方的有关贷款办法规定,并按本合同规定用途使用贷款。否则,贷款方有权停止发放贷款,收回或提前收回已发放的贷款。对违约部分,按规定加收10%利息。

第四条　借款方保证按期偿还贷款本息。利息于每年1月1日支付。如需延期,借款方必须在贷款到期前提出书面申请,经贷款方审查同意,签订延期还款协议。借款方不申请延期或双方签订延期还款协议的,从逾期之日起,贷款方按规定加收 10% 的利息,并可随时从借款方存款账户中直接扣收逾期贷款本息。

借款方：东方啤酒公司

法人代表：王高升

账号：建行丽都市支行 675843218977027

电话：6885688

地址：丽都市永顺路88号

签约日期：2016年12月17日

贷款方：中国建设银行丽都支行

负责人：吕　林

经办人　谭月新

电话：6784868

地址：丽都市永福路22号

签约日期：2016年12月17日

注:此凭据不作为记账依据。

图 3-9-3($\frac{1}{3}$)

长期借款申请书

2016年12月13日

企业名称：东方啤酒公司　　所有制性质：股份制

申请借款金额	1 000 000.00 元
借款用途	购建固定资产
借款期限	3 年
还款资金来源	销货款
申请企业：东方啤酒公司	负责人：刘立强
经办行审批意见：同意借款	

图 3-9-3($\frac{2}{3}$)

贷款凭证 (3)(收账通知)

2016年12月18日

<table>
<tr><td>贷款单位</td><td>东方啤酒公司</td><td>种类</td><td>长期</td><td>贷款户账号</td><td colspan="10">675843218977546</td></tr>
<tr><td rowspan="2">金　额</td><td rowspan="2" colspan="4">人民币(大写) 壹佰万元整</td><td>千</td><td>百</td><td>十</td><td>万</td><td>千</td><td>百</td><td>十</td><td>元</td><td>角</td><td>分</td></tr>
<tr><td>¥</td><td>1</td><td>0</td><td>0</td><td>0</td><td>0</td><td>0</td><td>0</td><td>0</td><td>0</td></tr>
<tr><td rowspan="2">用　途</td><td rowspan="2">购建固定资产</td><td colspan="3">单位申请期限</td><td colspan="10">自 2016 年 12 月 16 日起至 2019 年 12 月 16 日</td></tr>
<tr><td colspan="3">银行核定期限</td><td colspan="10">自 2016 年 12 月 18 日起至 2019 年 12 月 18 日</td></tr>
<tr><td colspan="5">上述贷款已核准发放。并以划入你单位账号。

年利率 8%　　2016 年 12 月 18 日
银行签章</td><td colspan="10">单位会计分录
收入
付出
复核　　记账
主管　　会计</td></tr>
</table>

图 3-9-3($\frac{3}{3}$)

资 产 评 估 报 告

云南晓明会计师事务所评报字【2016】第 249 号

云南晓明会计师事务所接受南方新隆公司的委托，根据国家有关资产评估的规定，本着独立、公正、科学、客观的原则，按照公认的资产评估方法对南方新隆公司的全部资产和负债进行了实地查勘、市场调查与询证，现将资产评估情况及评估结果报告如下：

五、委托方简介

委托方：南方新隆公司

注册地址：丽都市太平路22号

法定代表人：刘川

经济性质：股份有限公司

注册资金：3 000万元

工商登记号码：532146578954312

经营范围：钢材生产

六、评估目的

南方新隆公司拟以该仓库投资，为此需要进行评估，以评估后净资产的公允价值作为参考依据。

七、评估范围和对象

委托评估的账面价值和公允价值统计表　单位：万元

项目	账面价值	公允价值
仓库	300	320

八、评估报告书的法律效力

本次评估结论是反映评估对象在本次评估目的下，根据公开市场的原则确定的现行公允市价，没有考虑将来可能承担的抵押、担保事宜，以及特殊的交易方可能追加付出的价格等对评估价格的影响，同时，本报告也未考虑国家宏观经济政策发生变化以及遇有自然力和其他不可抗力对资产价格的影响，本次评估有效期限为一年，自 2016年12月14日起至2017年12月14日止，超过一年，需重新进行资产评估。

晓明会计师事务所

法定代表人：唐晓明

注册资产评估师：唐晓明

2016年12月14日

图 3-9-4($\frac{1}{4}$)

股 权 投 资 协 议

投资方：南方新隆公司

被投资方：东方啤酒公司

投资方与被投资方经过充分协商，在平等自愿的基础上，投资方南方新隆公司以仓库投资，公允价值320万元投资东方啤酒公司，获得300万股份。

甲方：南方新隆公司　　　　乙方：东方啤酒公司

法人代表：余有华　　　　法人代表：王高平

签约日期：2016年12月16日　　　　签约日期：2016年12月16日

图 3-9-4($\frac{2}{4}$)

股东持股证明书

股东：南方新隆公司

截止2016年12月19日依股东名册记载持有本公司股份总数为 300万 股。

此　致

东方啤酒公司

2016年12月19日

图 3-9-4($\frac{3}{4}$)

固定资产移交使用报告单

2016年12月19日

名　称	规格型号	单　位	数　量	设备价款	移交单位
仓　库		m^2	1 800 m^2	3 200 000.00	物流部
合　计					
备　注					

使用部门主管：曲　榕　　　　会计：李　松　　　　制单：郭清泉

图 3-9-4($\frac{4}{4}$)

东方啤酒公司关于发行企业债券的请示

丽都市发展和改革委员会：

为适应国民经济发展的要求，根据公司发展战略要求以及建设项目资金需求，我公司特申请发行企业债券叁佰万元人民币，期限3年，筹集资金全部用于生产车间建设项目。

附：申请发债企业基本情况

公司简介

1. 公司名称：东方啤酒公司
2. 地址：丽都市永顺路88号
3. 法人代表：王高平
4. 注册资本：6 400万元
5. 经济性质：国有控股

妥否，请批示。

同意发行

丽都市发展和改革委员会

2016年12月2日

东方啤酒公司

2016年11月12日

图 3-9-5($\frac{1}{4}$)

债券发行承销协议

债券发行人(以下称甲方)：东方啤酒公司

债券承销人(以下称乙方)：新发证券有限公司

甲方经中国人民银行批准，采用招投标方式发行“东方啤酒公司企业债券”(以下简称债券)，负责债券招投标发行的组织工作；乙方自愿成为该种债券承销商，承诺参与投标，并履行承购包销义务。

根据《中华人民共和国经济合同法》和中国人民银行的有关规定，甲乙双方经协商一致，签订本协议。

第一条 债券种类与数额

甲方根据其资金状况，经中国人民银行批准，分批确定发行数量为300万份，面值300万元，票面利率6%，发行价格300万元。乙方承销数量包括中标数量和承销基本额度。

第二条 承销方式

乙方采用承购包销方式承销债券。

第三条 承销期

债券承销期为2年。

第四条 承销款项的支付

乙方应按中标通知书的要求，将债券承销款项及时足额划入甲方指定的银行账户。

第五条 发行手续费的支付

甲方按发行价格的5‰向乙方支付发行手续费，该费用由甲方收到乙方承销款后十个营业日内划至乙方指定的银行账户。

第六条 登记托管

债券采用无纸化发行，新发证券有限责任公司负责债券的登记托管。

第七条 违约责任

乙方如未能依约支付承销款项，则应按未付部分每日万分之五的比例向甲方支付违约金，未付款部分和违约金甲方可从应支付给乙方的其他债券的本息中扣除；缴款逾期十天以上的，甲方可取消乙方未付款项部分的承销额度，乙方自动丧失承销商资格，但对已承销的债券仍应按本协议承担义务；

乙方如借承销债券之机超冒分销债券，超冒分销部分甲方不予确认，责任由乙方承担。甲方保留单方面终止其承销商资格的权利；

甲方如未依约履行债券还本付息义务，则应按未付部分每日万分之五的比例向乙方支付违约金。

乙方如未按发债条件承担分配的基本承销额度，或连续三次不参与投标或未按规定进行有效投标的，则视为自动放弃承销商资格。

第八条 附则

1. 本协议正式文本一式贰份，甲乙双方各执一份。
2. 本协议经双方法定代表人或其授权的代理人签字并加盖公章后生效。

甲方：东方啤酒公司　　　　乙方：新发证券有限公司

法定代表人签字：王高平　　　　法定代表人签字：候 祥

签订日期：2016年12月16日　　　　签订日期：2016年12月16日

图 3-9-5($\frac{2}{4}$)

证券发行结算清单

2016年12月19日

企业名称		东方啤酒公司
企业债券	面 值	3 000 000.00
	数 量	3 000 000 万份
	单 价	1.00 元
	总 价	3 000 000.00 元
发行费用		15 000.00 元
发行净额		2 985 000.00 元

新发证券有限公司 业务专用章

新发证券有限公司

图 3-9-5($\frac{3}{4}$)

中国建设银行进账单（收账通知）3

2016年12月19日　　第　　号

出票人	全　称	新发证券有限公司	收款人	全　称	东方啤酒公司
	账　号	675843215789012		账　号	675843218977027
	开户银行	建行丽都市支行		开户银行	建行丽都市支行

金额	人民币(大写) 贰佰玖拾捌万伍仟元整	亿	千	百	十	万	千	百	十	元	角	分
			¥	2	9	8	5	0	0	0	0	0

票据种类	转账支票	票据张数	1
票据号码	4596126		

单位主管　　会计　　复核　　记账

中国建设银行云南省分行 丽都支行 2016.12.19 转讫

收款人开户银行盖章

2016 年 12 月 19 日

此联是收款人开户银行交给收款人的收账通知

图 3-9-5($\frac{4}{4}$)

借 款 利 息 计 算 表

表3-9-1　　2016年12月20日

项　目	借款本金	年利率	借 款 期 限	应付利息
建设银行短期借款	300 000.00	5%	20天(2016年9月20日借入)	
合计				

图 3-9-6($\frac{1}{2}$)

建设银行丽都支行本息结算清单

2016年12月20日

<table>
<tr><td rowspan="3">收款单位</td><td>账　号</td><td>530000510002345</td><td rowspan="3">付款单位</td><td>账　号</td><td colspan="2">675843218977027</td></tr>
<tr><td>户　名</td><td>建设银行丽都支行</td><td>户　名</td><td colspan="2">东方啤酒公司</td></tr>
<tr><td>开户银行</td><td>建设银行丽都支行</td><td>开户银行</td><td colspan="2">建行丽都市支行</td></tr>
<tr><td colspan="3">本金：300 000.00</td><td colspan="3">利率：5%</td><td>利息：3 750.00</td></tr>
<tr><td colspan="5">备注：归还本息</td><td colspan="2">科目：
双方科目：
复核员：　　记账员：</td></tr>
</table>

图 3-9-6($\frac{2}{2}$)

实训十　收入、费用和利润

商品购销合同

合同号:2016—153

甲方(购货方):丽都市红杏商场

乙方(销货方):丽都市东方啤酒公司

本着平等互利的原则,经双方协商,共同订立如下合同:

一、双方必须有合法的营业执照,乙方所供商品必须有合法商标,根据不同商品分别提供生产、经营许可证、注册商标证、产品合格证、进口商品检验证等。

二、甲方向乙方订购以下商品:

序号	商品名称	规格型号	计量单位	数量	单价	金　额
	高端瓶装啤酒		件	1 600	48.60	77 760.00
	低端瓶装啤酒		件	1 600	32.40	51 840.00
	罐装啤酒		件	1 600	144.00	230 400.00
	合计					360 000.00

三、到货时间:乙方在10日内发货,货物由乙方送达购货方。

四、货款结算:瓶装啤酒享受九折优惠。乙方同意甲方暂欠货款,但税款采用委托收款方式结算。

五、合同一式 贰 份,双方盖章后生效。如违约须赔偿对方损失,按价款 30% 赔款,不可抗力除外。本合同在履行过程中,若发生纠纷或异议,双方协调解决。

甲方：丽都市红杏商场

法人代表：张立平

账号：建行西路支行 675843215008145

电话：6534216

地址：丽都市幸福路52号

签约日期：2016年12月1日

乙方：丽都市东方啤酒公司

法人代表：王高平

账号：建行丽都市支行 675843218977027

电话：6885688

地址：丽都市永顺路88号

签约日期：2016年12月1日

注:此凭证不作为记账依据

图 3-10-1($\frac{1}{5}$)

5201896335　　**云南省增值税专用发票**　　№　00206051

此联不作报销、扣税凭证使用　　开票日期：2016年12月1日

购货单位	名　　称：红杏商场 纳税人识别号：677855321468345 地 址、电 话：丽都市幸福路52号　6534216 开户行及账号：建行西路支行　675843215008145				密码区	154312-3-578<1+45*54* 163312><8182*69*08814 加密版本:02 <4<2*1702-8> 8*+<142< /0 2361758954 * 6/5*> > 2-3*0/8> >　00206051		
货物或应税劳务、服务名称	规格型号	单位	数量	单价	金 额	税率	税　额	
高端瓶装啤酒		件	1 600	48.60	77 760.00	17%	13 219.20	
低端瓶装啤酒		件	1 600	32.40	51 840.00	17%	8 812.80	
罐装啤酒		件	1 600	144.00	230 400.00	17%	39 168.00	
合　计					￥360 000.00		￥61 200.00	
价税合计(大写)	肆拾贰万壹仟贰佰元整				（小写）￥421 200.00			
销货单位	名　　称：东方啤酒公司 纳税人识别号：677856432198769 地 址、电 话：丽都市永顺路 88 号　6885688 开户行及账号：建行丽都市支行 675843218977027				备注			

第一联　记账联　销货方记账凭证

收款人：陈　芳　　复核：李　松　　开票人：张　平　　销货单位：（章）

图 3-10-1($\frac{2}{5}$)

产 品 出 库 单

凭证编号：301201

用途：出售　　2016年12月1日　　产成品库：1号库

类别	编号	名 称	单位	数量	单位成本	总成本	附注：
		高端瓶装啤酒	件	1 600			
		低端瓶装啤酒	件	1 600			
		罐装啤酒	件	1 600			
		合　计					

第三联　记账联

会计：李　松　　保管：王晓兵　　制单：李　森

图 3-10-1($\frac{3}{5}$)

托 收 凭 证(受理回单)　　1

委托日期：2016年12月1日

<table>
<tr><td>业务类型</td><td colspan="4">委托收款(☑邮划 □电划)</td><td colspan="5">托收承付(□邮划 □电划)</td></tr>
<tr><td rowspan="3">付款人</td><td>全 称</td><td colspan="3">红杏商场</td><td rowspan="3">收款人</td><td>全 称</td><td colspan="3">东方啤酒公司</td></tr>
<tr><td>账 号</td><td colspan="3">675843215008145</td><td>账 号</td><td colspan="3">675843218977027</td></tr>
<tr><td>地 址</td><td>云南省 丽都市 县</td><td>开户行</td><td>建行西路支行</td><td>地 址</td><td>云南省 丽都市 县</td><td>开户行</td><td>建行丽都支行</td></tr>
<tr><td>金额</td><td colspan="4">人民币(大写) 陆万壹仟贰佰元整</td><td colspan="5">亿 千 百 十 万 千 百 十 元 角 分
¥ 6 1 2 0 0 0 0</td></tr>
<tr><td>款项内容</td><td colspan="2">销项税额</td><td>托收凭据名 称</td><td colspan="2">委托收款</td><td>附寄单证张数</td><td colspan="3">3 张</td></tr>
<tr><td colspan="2">商品发运情况</td><td colspan="3">已发运</td><td colspan="2">合同名称号码</td><td colspan="3">2016-153</td></tr>
<tr><td colspan="3">备注：
复核　　记账</td><td colspan="3">款项收妥日期
年　月　日</td><td colspan="4">收款人开户银行签章
2016 年 12 月 1 日
(印章：中国建设银行丽都支行 业务专用章)</td></tr>
</table>

此联作收款人开户银行给收款人的受理回单

图 3-10-1($\frac{4}{5}$)

关于红杏商场所欠东方啤酒公司货款情况说明

2016年12月1日，向红杏商场出售高端瓶装啤酒、低端瓶装啤酒和罐装啤酒各1 600件，专用发票注明：高端瓶装啤酒售价77 760.00元，增值税13 219.20元；低端瓶装啤酒售价51 840.00元，增值税8 812.80元；罐装啤酒售价230 400.00元，增值税39 168.00元。价税款为421 200.00元。但因红杏商场资金流发生暂时困难，估计此笔款项暂时无法收回，公司仅对增值税办妥托收手续。特此说明。

(印章：东方啤酒公司 业务专用章)

营销部：董立飞
财务部：张成栋
2016年12月1日

图 3-10-1($\frac{5}{5}$)

开具红字增值税专用发票通知单

填开日期：2016年12月2日

销售方	名称	东方啤酒公司	购买方	名称	前进公司
	税务登记代码	677856432198769		税务登记代码	677856432157844
开具红字发票内容	货物(劳务)名称	单价	数量	金额	税额
	罐装啤酒	144	200	28 800.00	4 896.00
	合计			28 800.00	4 896.00
说明	需要作进项税转出 □ 不需要作进项税转出 □ 纳税人识别号认证不符 □ 专用发票代码、号码认证不符 □ 对应蓝字专用发票密码区内打印的代码:4700030030 号码:00206021 开具红字专用发票理由:所售商品与合同要求的包装不符,折让 5%。				

经办人：陈　安　　负责人：范　义　　主管税务机关名称(印章)

图 3-10-2($\frac{1}{2}$)

5201896335　　**云南省增值税专用发票**　　№　00206052

此联不作报销、扣税凭证使用　　开票日期：2016年12月2日

购货单位	名　称：前进公司 纳税人识别号：677856432157844 地 址、电 话：昆明市建设路22号 6534316 开户行及账号：建行春城支行 675843215006759				密码区	154312-3-578<1+45*54* 163312><8182*69*08814 加密版本:02 <4<2*1702-8> 8*+<142< /05647321805 * 6/5*> > 2-3*0/8> > 00206021		
货物或应税劳务、服务名称	规格型号	单位	数量	单价	金 额	税率	税 额	
罐装啤酒		件	200	144	1 440.00	17%	244.80	
合　计					￥1 440.00		￥244.80	
价税合计(大写)	壹仟陆佰捌拾肆元捌角整					(小写)￥1 684.80		
销货单位	名　称：东方啤酒公司 纳税人识别号：677856432198769 地 址、电 话：丽都市永顺路 88 号 6885688 开户行及账号：建行丽都市支行 675843218977027				备注	对方享受 5%的折让		

第一联　记账联　销货方记账凭证

收款人：陈　芳　　复核：李　松　　开票人：张　平　　销货单位：(章)

图 3-10-2($\frac{2}{2}$)

商品购销合同

合同号:2016—147

甲方(购货方):丽都市杏花商场

乙方(销货方):丽都市东方啤酒公司

本着平等互利的原则,经双方协商,共同订立如下合同:

一、双方必须有合法的营业执照,乙方所供商品必须有合法商标,根据不同商品分别提供生产、经营许可证、注册商标证、产品合格证、进口商品检验证等。

二、甲方向乙方订购以下商品:

序号	商品名称	规格型号	计量单位	数量	单价	金　额
	高端瓶装啤酒		件	3 500	48.60	170 100.00
	低端瓶装啤酒		件	3 500	32.40	113 400.00
	罐装啤酒		件	3 500	144.00	504 000.00
	合计					787 500.00

三、到货时间:乙方在10日内发货,货物由乙方送达购货方。

四、货款结算:预收货款。发货后余款采用委托收款方式进行结算。瓶装啤酒享受九折优惠。

五、合同一式　贰　份,双方盖章后生效。如违约须赔偿对方损失,按价款 30% 赔款,不可抗力除外。本合同在履行过程中,若发生纠纷或异议,双方协调解决。

甲方:丽都市杏花商场

法人代表:张　学

账号:建行北路支行　675843216514532

电话:6534145

地址:丽都市杏花路15号

签约日期:2016年11月25日

乙方:丽都市东方啤酒公司

法人代表:王高平

账号:建行丽都市支行　675843218977027

电话:6885688

地址:丽都市永顺路88号

签约日期:2016年11月25日

注:此凭证不作为记账依据

图 3-10-3($\frac{1}{4}$)

产品出库单

凭证编号:301202

用途:出售　　2016年12月3日　　产成品库:1号库

类别	编号	名称	单位	数量	单位成本	总成本	附注:
		高端瓶装啤酒	件	3 500			
		低端瓶装啤酒	件	3 500			
		罐装啤酒	件	3 500			
合　计							

第三联　记账联

会计:李　松　　保管:王晓兵　　制单:李　森

图 3-10-3($\frac{2}{4}$)

5201896335　　**云南省增值税专用发票**　　№ 00206053

此联不作报销、扣税凭证使用　　开票日期：2016年12月3日

购货单位	名称：杏花商场 纳税人识别号：677855321336954 地址、电话：丽都市幸福路52号 6534145 开户行及账号：建行北路支行 675843216514532				密码区	154312-3-578<1+45*54* 163312><8182*69*08814 加密版本:02 <4<2*1702-8> 8*+<142< /0 6547389021 * 6/5*> > 2-3*0/8> > 00206053		
货物或应税劳务、服务名称	规格型号	单位	数量	单价	金额	税率	税额	
高端瓶装啤酒		件	3 500	48.60	170 100.00	17%	28 917.00	
低端瓶装啤酒		件	3 500	32.40	113 400.00	17%	19 278.00	
罐装啤酒		件	3 500	144.00	504 000.00	17%	85 680.00	
合　计					¥787 500.00		¥133 875.00	
价税合计(大写)	玖拾贰万壹仟叁佰柒拾伍元整				(小写)¥921 375.00			
销货单位	名称：东方啤酒公司 纳税人识别号：677856432198769 地址、电话：丽都市永顺路 88 号 6885688 开户行及账号：建行丽都市支行 675843218977027				备注			

收款人：陈　芳　　复核：李　松　　开票人：张　平　　销货单位：(章)

第一联 记账联 销货方记账凭证

图 3-10-3($\frac{3}{4}$)

托　收　凭　证(受理回单)　　1

委托日期：2016年12月3日

业务类型	委托收款(☑邮划 □电划)			托收承付(□邮划 □电划)			
付款人	全称	丽都市杏花商场		收款人	全称	东方啤酒公司	
	账号	675843216514532			账号	675843218977027	
	地址	云南省丽都市县	开户行：建行北路支行		地址	云南省丽都市县	开户行：建行丽都支行
金额	人民币(大写)捌拾捌万壹仟叁佰柒拾伍元整			亿 千 百 十 万 千 百 十 元 角 分	¥ 8 8 1 3 7 5 0 0		
款项内容	销货款	托收凭据名称	委托收款	附寄单证张数	3 张		
商品发运情况	已发运			合同名称号码	2016-147		
备注： 复核　记账	款项收妥日期 年　月　日			收款人开户银行签章 2016年12月3日			

此联作收款人开户银行给收款人的受理回单

图 3-10-3($\frac{4}{4}$)

公告编号:临2016—040

东方啤酒公司五届十五次董事会决议公告

本公司及董事会全体成员保证公告内容的真实、准确和完整,没有虚假记载、误导性陈述或者重大遗漏。

东方啤酒公司五届十五次董事会会议通知于2016年12月1日,以书面、传真方式发给公司10名董事,会议于2016年12月4日在公司五楼会议室召开。应到董事10人,实到董事9人,1名董事办理了委托,王红独立董事委托杨力独立董事代其出席会议行使表决权,并在董事会决议上签字,符合《中华人民共和国公司法》和本公司章程的有关规定。会议由公司董事长王高平先生主持,公司监事、部分高管人员列席了本次会议。经审议,到会董事一致通过了如下决议:

会议以10票同意、0票反对、0票弃权的表决结果,审议通过了《东方啤酒公司关于向四川地震灾区捐款议案》:

本公司将向地震灾区捐款60 000元。

本公司关于向地震灾区捐款的事项不属重大关联交易事项,无须经过股东大会审批。免于按照相关规定披露和履行相应程序,符合云南证券交易所股票上市规则有关规定。

东方啤酒公司董事会

二〇一六年十二月四日

图 3-10-4($\frac{1}{3}$)

收　据

收到:东方啤酒公司　　　　2016年12月4日

摘要	金额									
	千	百	十	万	千	百	十	元	角	分
地震捐款			¥	6	0	0	0	0	0	0
合计人民币(大写) 陆万元整										
备注										

第三联 记账联

收款单位(财务公章)丽都市民政局 财务专用章　　会计:官阳　　收款人:林雷　　经手人:姚松和

图 3-10-4($\frac{2}{3}$)

中国建设银行
转账支票存根 (滇)

$\frac{E}{0}\frac{X}{2}$ 03302533

附加信息

出票日期 2016 年 12 月 4 日

收款人:丽都市民政局
金 额:60 000.00 元
用 途:地震捐款

单位主管 张成栋 会计 李 松

图 3-10-4($\frac{3}{3}$)

公告编号:临2016—041

东方啤酒公司五届十六次董事会决议公告

本公司及董事会全体成员保证公告内容的真实、准确和完整,没有虚假记载、误导性陈述或者重大遗漏。

东方啤酒公司五届十五次董事会会议通知于2016年5日,以书面、传真方式发给公司10名董事,会议于2016年12月5日在公司五楼会议室召开。应到董事 10人,实到董事9人,1名董事办理了委托,李小三独立董事委托杨力独立董事代其出席会议行使表决权,并在董事会决议上签字,符合《中华人民共和国公司法》和本公司章程的有关规定。会议由公司董事长王高平先生主持,公司监事、部分高管人员列席了本次会议。经审议,到会董事一致通过了如下决议:

会议以10票同意、0票反对、0票弃权的表决结果,审议通过了《东方啤酒公司关于将产品作为职工福利发放议案》:

本公司将高端瓶装啤酒、低端瓶装啤酒、罐装啤酒,作为福利发放给300名职工每人每种啤酒一件。

本公司关于将产品作为职工福利发放的事项不属重大关联交易事项,无须经过股东大会审批。免于按照相关规定披露和履行相应程序,符合云南证券交易所股票上市规则有关规定。

东方啤酒公司董事会
二〇一六年十二月五日

图 3-10-5($\frac{1}{3}$)

职工福利发放一览表

2016年12月5日　　单位:件

项　目		高端瓶装啤酒(件)	低端瓶装啤酒(件)	罐装啤酒(件)
行政管理人员		150	150	150
车间管理人员		10	10	10
生产工人	高端啤酒	30	30	30
	低端啤酒	55	55	55
	罐装啤酒	35	35	35
	小　计	120	120	120
销售人员		20	20	20
合　计		300	300	300

图 3-10-5($\frac{2}{3}$)

产 品 出 库 单

凭证编号：301205

用途：发放职工福利　　2016年12月5日　　产成品库：1号库

类别	编号	名称	单位	数量	单位成本	总成本	附注：
		高端瓶装啤酒	件	300			
		低端瓶装啤酒	件	300			
		罐装啤酒	件	300			
合　计							

第三联　记账联

会计：李　松　　保管：王晓兵　　制单：李　森

图 3-10-5($\frac{3}{3}$)

费　用　报　销　单

报销日期：2016年12月6日　　附件16张(略)

费用项目	类别	金额	单位负责人（签　章）	刘立强
管理费用	业务招待费	9 000.00		
			审查意见	同意报销
		现金付讫		
			报销人	李志刚
报销金额合计		¥9 000.00		
核实金额(大写)：玖仟元整				
借款数	应退数	应补金额：¥9 000.00		
列支渠道	业务招待费			

审核：李　松　　出纳：陈　芳

图 3-10-6($\frac{1}{1}$)

托收凭证

(汇款依据或收账通知)　4

委托日期：2016年12月3日　　付款期限 2016年12月7日

业务类型	委托收款(☑邮划 □电划)　托收承付(□邮划 □电划)						
付款人	全称	丽都市杏花商场		收款人	全称	东方啤酒公司	
	账号	675843216514532			账号	675843218977027	
	地址	云南省丽都市县	开户行：建行北路支行		地址	云南省丽都市县	开户行：建行丽都支行
金额	人民币(大写)捌拾捌万壹仟叁佰柒拾伍元整					￥881 375.00	
款项内容	销货款	托收凭据名称	委托收款	附寄单证张数	3 张		
商品发运情况	已发运			合同名称号码	2016-147		
备注： 复核　记账	上列款项已划回收入你方账户内。 收款人开户银行签章 2016年12月7日						

亿	千	百	十	万	千	百	十	元	角	分
		￥	8	8	1	3	7	5	0	0

(中国建设银行云南省分行丽都支行 2016.12.07 讫)

此联是收款人开户银行给收款人的收账通知

图 3-10-7($\frac{1}{1}$)

5201896335　　**云南省增值税专用发票**　　№ 28644831

抵扣联

(云南 国家税务总局监制 发票监制章)

开票日期：2016年12月7日

购货单位	名称：东方啤酒公司 纳税人识别号：677856432198769 地址、电话：丽都市永顺路88号 6885688 开户行及账号：建行丽都市支行675843218977027	密码区	6634312-3-578<1+45*54*247261 163312><2116*69*08814159352 加密版本:07 <3<2*1702-8> 8*+<142< /0 4700030030 * 7/5*> > 2-3*0/8> > 356437254781

货物或应税劳务、服务名称	规格型号	单位	数量	单价	金额	税率	税额
专家咨询费					2 912.62	3%	87.38
合计					￥2 912.62	3%	￥87.38
价税合计(大写)	叁仟元整			(小写)￥3 000.00			

销货单位	名称：恒阳区国家税务局代开专票特殊纳税人 纳税人识别号：567852225257151 (代开机关) 地址、电话：丽都市学府路89号 6865368 开户行及账号：工行学府路支行 254325486763222	备注	代开企业名称：丽都大学 (丽都大学 财务专用章)

收款人：任松　　复核：姚和平　　开票人：王伟立　　销货单位：(章)

第二联 抵扣联 购货方扣税凭证

图 3-10-8($\frac{1}{3}$)

5201896335

云南省增值税专用发票

发票联

№　28644831

开票日期：2016年12月7日

购货单位	名　　称：东方啤酒公司 纳税人识别号：677856432198769 地 址、电 话：丽都市永顺路88号 6885688 开户行及账号：建行丽都市支行675843218977027				密码区	6634312–3–578<1+45*54*247261 163312><2116*69*08814159352 加密版本:07 <3<2*1702–8> 8*+<142< /0 4700030030 * 7/5*> > 2–3*0/8> >　356437254781		
货物或应税劳务、服务名称	规格型号	单位	数量	单价	金额	税率	税额	
专家咨询费					2 912.62	3%	87.38	
合　计					¥2 912.62	3%	¥87.38	
价税合计(大写)	叁仟元整			(小写)¥3 000.00				
销货单位	名　　称：恒阳区国家税务局 代开专票特殊纳税人 纳税人识别号：567852225225715 1　(代开机关) 地址、电 话：丽都市学府路89号 6865368 开户行及账号：工行学府路支行 254325486763222				备注	代开企业名称：丽都大学 丽都大学 财务专用章		

收款人：任　松　　复核：姚和平　　开票人：王伟立　　销货单位：(章)

第三联 发票联 购货方记账凭证

图 3–10–8($\frac{2}{3}$)

费　用　报　销　单

报销日期：2016年12月7日　　　　附件1张(略)

费用项目	类别	金额	单位负责人(签　章)	刘立强
管理费用	咨询费	2912.62		
应交税费	增值税	87.38	审查意见	同意报销
		现金付讫		
			报销人	李志刚
报销金额合计		¥3 000.00		
核实金额(大写)：叁仟元整				
借款数	应退数	应补金额：¥3 000.00		
列支渠道	业务招待费			

审核：张成栋　　　　出纳：陈　芳

图 3–10–8($\frac{3}{3}$)

商品购销合同

合同号:2016—160

甲方(购货方):丽都市好又来商场

乙方(销货方):丽都市东方啤酒公司

本着平等互利的原则,经双方协商,共同订立如下合同:

一、双方必须有合法的营业执照,乙方所供商品必须有合法商标,根据不同商品分别提供生产、经营许可证、注册商标证、产品合格证、进口商品检验证等。

二、甲方向乙方订购以下商品:

序号	商品名称	规格型号	计量单位	数量	单价	金　额
	高端瓶装啤酒		件	3 000	48.60	145 800.00
	低端瓶装啤酒		件	6 000	32.40	194 400.00
	罐装啤酒		件	2 100	144.00	302 400.00
	合计					642 600.00

三、到货时间:乙方在10日内发货,货物由乙方送达购货方。

四、货款结算:支票结算。

五、合同一式 贰 份,双方盖章后生效。如违约须赔偿对方损失,按价款 30% 赔款,不可抗力除外。本合同在履行过程中,若发生纠纷或异议,双方协调解决。

甲方:丽都市好又来商场
法人代表:马　伟
账号:建行东路支行　675843217952315
电话:6637886
地址:丽都市东江路20号
签约日期:2016年12月6日

乙方:丽都市东方啤酒
法人代表:王高平
账号:建行丽都市支行　675843218977027
电话:6885688
地址:丽都市永顺路88号
签约日期:2016年12月6日

（印章：丽都市好又来商场 合同专用章；丽都市东方啤酒公司 合同专用章）

注:此凭证不作为记账依据

图 3-10-9($\frac{1}{4}$)

产 品 出 库 单

凭证编号:301207

用途:出售　　2016年12月8日　　产成品库:1号库

类别	编号	名 称	单位	数量	单位成本	总成本	附注:
		高端瓶装啤酒	件	3 000			
		低端瓶装啤酒	件	6 000			
		罐装啤酒	件	2 100			
合　计							

第三联　记账联

会计:李　松　　保管:王晓兵　　制单:李　森

图 3-10-9($\frac{2}{4}$)

5201896335

云南省增值税专用发票

№ 00206056

此联不作报销、扣税凭证使用　　开票日期：2016年12月8日

购货单位	名称：好又来商场 纳税人识别号：677852210378445 地址、电话：丽都市东江路20号　6637886 开户行及账号：建行东路支行　675843217952315	密码区	154312-3-578<1+45*54* 163312><8182*69*08814 加密版本:02 <4<2*1702-8> 8*+<142< /0 8401376270 * 6/5*> > 2-3*0/8> >　00206056

货物或应税劳务、服务名称	规格型号	单位	数量	单价	金额	税率	税额
高端瓶装啤酒		件	3 000	48.60	145 800.00	17%	24 786.00
低端瓶装啤酒		件	6 000	32.40	194 400.00	17%	33 048.00
罐装啤酒		件	2 100	144.00	302 400.00	17%	51 408.00
合　计					¥642 600.00		¥109 242.00
价税合计(大写)	柒拾伍万壹仟捌佰肆拾贰元整					(小写)	¥751 842.00

销货单位	名称：东方啤酒公司 纳税人识别号：677856432198769 地址、电话：丽都市永顺路 88 号　6885688 开户行及账号：建行丽都市支行 675843218977027	备注	(丽都市东方啤酒公司 发票专用章)

收款人：陈芳　　复核：李松　　开票人：张平　　销货单位：(章)

第一联　记账联　销货方记账凭证

图 3-10-9($\frac{3}{4}$)

中国建设银行进账单（收账通知）3

2016年12月8日　　　　第　　号

出票人	全称	好又来商场	收款人	全称	东方啤酒公司
	账号	675843217952315		账号	675843218977027
	开户银行	建行东路支行		开户银行	建行丽都市支行

金额	亿	千	百	十	万	千	百	十	元	角	分
人民币(大写) 柒拾伍万壹仟捌佰肆拾贰元整			¥	7	5	1	8	4	2	0	0

票据种类	转账支票	票据张数	1
票据号码	6856712		

收款人开户银行盖章　(中国建设银行云南省分行 丽都支行 2016.12.08 转讫)

2016 年 12 月 8 日

单位主管　　会计　　复核　　记账

此联是收款人开户银行交给收款人的收账通知

图 3-10-9($\frac{4}{4}$)

5201896335　　**云南省增值税专用发票**　　№　00206057

此联不作报销、扣税凭证使用　　开票日期：2016年12月10日

购货单位	名　　称：丽都市永发饲料公司 纳税人识别号：475584468895325 地 址、电 话：丽都市永保路18号 3115586 开户行及账号：工行永保路支行584005323385612	密码区	154312-3-578<1+45*54* 163312><8182*69*08814 加密版本:02 <4<2*1702-8> 8*+<142< /02431765904 * 6/5*> > 2-3*0/8> >　00206062

货物或应税劳务、服务名称	规格型号	单位	数量	单价	金额	税率	税额
甘肃麦		吨	50	4000.00	200 000.00	17%	34 000.00
合　计					￥200 000.00		￥34 000.00
价税合计(大写)	贰拾叁万肆仟元整				(小写)￥234 000.00		

销货单位	名　　称：东方啤酒公司 纳税人识别号：677856432198769 地 址、电 话：丽都市永顺路 88 号 6885688 开户行及账号：建行丽都市支行 675843218977027	备注	

收款人：陈　芳　　复核：李　松　　开票人：张　平　　销货单位：(章)

第一联　记账联　销货方记账凭证

图 3-10-10($\frac{1}{3}$)

产 品 出 库 单　　凭证编号：301212

用途：出售　　2016年12月10日　　仓库：材料仓库

类别	编号	名称	单位	数量	单位成本	总成本	附注：
		甘肃麦	吨	50			出售
合　计							

会计：李　松　　保管：陈　涛　　制单：李　森

第三联　记账联

图 3-10-10($\frac{2}{3}$)

中国建设银行进账单（收账通知）3

2016年12月10日　　　　第　　号

<table>
<tr><td rowspan="3">出票人</td><td>全　称</td><td>永发饲料公司</td><td rowspan="3">收款人</td><td>全　称</td><td colspan="11">东方啤酒公司</td></tr>
<tr><td>账　号</td><td>584005323385612</td><td>账　号</td><td colspan="11">675843218977027</td></tr>
<tr><td>开户银行</td><td>工行永保路支行</td><td>开户银行</td><td colspan="11">建行丽都市支行</td></tr>
<tr><td rowspan="2">金额</td><td colspan="4" rowspan="2">人民币(大写) 贰拾叁万肆仟元整</td><td>亿</td><td>千</td><td>百</td><td>十</td><td>万</td><td>千</td><td>百</td><td>十</td><td>元</td><td>角</td><td>分</td></tr>
<tr><td></td><td></td><td>¥</td><td>2</td><td>3</td><td>4</td><td>0</td><td>0</td><td>0</td><td>0</td><td>0</td></tr>
<tr><td colspan="2">票据种类</td><td>转账支票</td><td>票据张数</td><td>1</td><td colspan="11" rowspan="3">中国建设银行云南省分行 丽都支行 2016.12.10 转讫
收款人开户银行盖章
2016 年 12 月 10 日</td></tr>
<tr><td colspan="2">票据号码</td><td colspan="3">5334325</td></tr>
<tr><td colspan="5">单位主管　　会计　　复核　　记账</td></tr>
</table>

此联是收款人开户银行交给收款人的收账通知

图 3-10-10($\frac{3}{3}$)

5201896335　　**云南省增值税专用发票**　　№　00206058

此联不作报销、扣税凭证使用　　开票日期：2016年12月11日

<table>
<tr><td>购货单位</td><td colspan="5">名　　称：滇西食品厂
纳税人识别号：4678522547589421
地 址、电 话：龙润市成仪路26号　8235487
开户行及账号：建行龙润市成仪路支行 367843218984625</td><td>密码区</td><td colspan="2">32154312-3-578<1+45*54*5287413
163312><8182*69*08814358674253
加密版本:02
<4<2*1702-8> 8*+<142< /0 570418545
* 6/5*> > 2-3*0/8> >　326057521455</td></tr>
<tr><td>货物或应税劳务、服务名称</td><td>规格型号</td><td>单位</td><td>数量</td><td>单价</td><td>金 额</td><td>税率</td><td>税 额</td><td></td></tr>
<tr><td>运输服务费</td><td></td><td></td><td></td><td></td><td>300 000.00</td><td>11%</td><td>33 000.00</td><td></td></tr>
<tr><td>合　计</td><td></td><td></td><td></td><td></td><td>¥300 000.00</td><td>11%</td><td>¥33 000.00</td><td></td></tr>
<tr><td>价税合计(大写)</td><td colspan="4">叁拾叁万叁仟元整</td><td colspan="4">(小写) ¥333 000.00</td></tr>
<tr><td>销货单位</td><td colspan="5">名　　称：东方啤酒公司
纳税人识别号：677856432198769
地 址、电 话：丽都市永顺路 88 号　6885688
开户行及账号：建行丽都市支行 675843218977027</td><td>备注</td><td colspan="2">丽都市东方啤酒公司 发票专用章</td></tr>
</table>

第一联　记账联　销货方记账凭证

收款人：陈　芳　　复核：李　松　　开票人：张　平　　销货单位：(章)

图 3-10-11($\frac{1}{2}$)

中国建设银行进账单（收账通知）**3**

2016年12月11日　　　　第　　号

<table>
<tr><td rowspan="3">出票人</td><td>全　称</td><td>滇西食品厂</td><td rowspan="3">收款人</td><td>全　称</td><td colspan="11">东方啤酒公司</td></tr>
<tr><td>账　号</td><td>584005323534655</td><td>账　号</td><td colspan="11">675843218977027</td></tr>
<tr><td>开户银行</td><td>工行惠特路支行</td><td>开户银行</td><td colspan="11">建行丽都市支行</td></tr>
<tr><td rowspan="2">金额</td><td colspan="4" rowspan="2">人民币(大写) 叁拾叁万叁仟元整</td><td>亿</td><td>千</td><td>百</td><td>十</td><td>万</td><td>千</td><td>百</td><td>十</td><td>元</td><td>角</td><td>分</td></tr>
<tr><td></td><td></td><td>¥</td><td>3</td><td>3</td><td>3</td><td>0</td><td>0</td><td>0</td><td>0</td><td>0</td></tr>
<tr><td colspan="2">票据种类</td><td>转账支票　票据张数</td><td colspan="2">1</td><td colspan="11" rowspan="3">中国建设银行云南省分行 丽都支行 2016.12.11 转讫
收款人开户银行盖章
2016 年 12 月 11 日</td></tr>
<tr><td colspan="2">票据号码</td><td colspan="3">6325526</td></tr>
<tr><td colspan="5">单位主管　　会计　　复核　　记账</td></tr>
</table>

此联是收款人开户银行交给收款人的收账通知

图 3-10-11($\frac{2}{2}$)

出差车旅费报销单

填制日期：2016年12月12日　　　　出差事由：开会　　　　附凭证5份

月	日	起止地点	天数	车船费	城市通费	伙食补助	住宿费	住宿奖励或自理费	合计	核准金额	领导审批
12	9	丽都—昆明	1	192	18	20	60		290.00	同意报销600元。2016年12月12日 审核人：张成栋	同意报销。12月12日 审核人：刘立强
12	10	住昆明	1		18	20	60		98.00		
12	11	昆明—丽都	1	192		20			212.00		
							现金付讫				
合　计					大写:陆佰元整				¥600.00		

注:住宿超支,在“住宿奖励或自理费”栏用红字或负数填写。　　　出差人：刘　明

图 3-10-12($\frac{1}{1}$)

商品购销合同

合同号:2016—162
甲方(购货方):丽江市八方商场
乙方(销货方):丽都市东方啤酒公司
本着平等互利的原则,经双方协商,共同订立如下合同:

一、双方必须有合法的营业执照,乙方所供商品必须有合法商标,根据不同商品分别提供生产、经营许可证、注册商标证、产品合格证、进口商品检验证等。

二、甲方向乙方订购以下商品:

序号	商品名称	规格型号	计量单位	数量	单价	金　额
	高端瓶装啤酒		件	6 000	48.60	291 600.00
	低端瓶装啤酒		件	6 000	32.40	194 400.00
	罐装啤酒		件	6 000	144.00	864 000.00
	合计					1 350 000.00

三、到货时间:乙方在10日内发货,货物委托运输公司运输,费用由销货方承担10万元。

四、货款结算:托收承付。甲方在验货后10天内付款。瓶装啤酒享受九折优惠。

五、合同一式 贰 份,双方盖章后生效。如违约须赔偿对方损失,按价款 30% 赔款,不可抗力除外。本合同在履行过程中,若发生纠纷或异议,双方协调解决。

甲方:丽江市八方商场
法人代表:马伟
账号:工行雪山路支行584000532114546
电话:2137886
地址:丽江市雪山路18号
签约日期:2016年12月18日

乙方:丽都市东方啤酒公司
法人代表:王高平
账号:建行丽都市支行675843218977027
电话:6885688
地址:丽都市永顺路88号
签约日期:2016年12月18日

(印章:丽江市八方商场 合同专用章;丽都市东方啤酒公司 合同专用章)

注:此凭证不作为记账依据

图 3-10-13($\frac{1}{7}$)

产 品 出 库 单

凭证编号:3012213

用途:出售　　2016年12月20日　　产成品库:1号库

类别	编号	名 称	单位	数量	单位成本	总成本	附注:
		高端瓶装啤酒	件	6 000			
		低端瓶装啤酒	件	6 000			
		罐装啤酒	件	6 000			
		合　计					

第三联 记账联

会计:李松　　保管:王晓兵　　制单:李森

图 3-10-13($\frac{2}{7}$)

5201896335 **云南省增值税专用发票** № 00206060

此联不作报销、扣税凭证使用 开票日期：2016年12月20日

购货单位	名　　称：丽江市八方商场 纳税人识别号：475584463521893 地 址、电 话：丽江市雪山路18号 2137886 开户行及账号：工行雪山路支行584000532114546				密码区	165478-3-732<1+45*54* 163312><8182*69*08814 加密版本:02 <4<2*1702-8> 8*+<142< /0 4587623190 * 6/5*> > 2-3*0/8> > 00206059		
货物或应税劳务、服务名称	规格型号	单位	数量	单价	金额	税率	税额	
高端瓶装啤酒		件	6 000	48.60	291 600.00	17%	49 572.00	
低端瓶装啤酒		件	6 000	32.40	194 400.00	17%	33 048.00	
罐装啤酒		件	6 000	144.00	864 000.00	17%	146 880.00	
合　计					¥1 350 000.00		¥229 500.00	
价税合计(大写)	壹佰伍拾柒万玖仟伍佰元整				(小写)¥1 579 500.00			
销货单位	名　　称：东方啤酒公司 纳税人识别号：677856432198769 地 址、电 话：丽都市永顺路 88 号 6885688 开户行及账号：建行丽都市支行 675843218977027				备注	丽都市东方啤酒公司 发票专用章		

收款人：陈 芳　　复核：李 松　　开票人：张 平　　销货单位：(章)

第一联 记账联 销货方记账凭证

图 3-10-13($\frac{3}{7}$)

托　收　凭　证(受理回单)　　1

委托日期：2016年12月20日

业务类型	委托收款(□邮划 □电划)　托收承付(□邮划 ☑电划)						
付款人	全 称	丽江市八方批发商场		收款人	全 称	东方啤酒公司	
	账 号	584000532114546			账 号	675843218977027	
	地 址	云南省丽都市县	开户行：工行雪山路支行		地 址	云南省丽都市县	开户行：建行丽都支行
金额	人民币(大写)壹佰伍拾柒万玖仟伍佰元整					亿千百十万千百十元角分：¥ 1 5 7 9 5 0 0 0 0	
款项内容	销货款	托收凭据名称	委托收款		附寄单证张数	3 张	
商品发运情况	已发运		合同名称号码		2016-162		
备注： 复核　　记账	款项收妥日期 年　月　日			收款人开户银行签章 2016 年 12 月 12 日 中国建设银行丽都支行 业务专用章			

此联作收款人开户银行给收款人的受理回单

图 3-10-13($\frac{4}{7}$)

5201896335　　**云南省增值税专用发票**　　№　35621788

抵扣联

开票日期：2016年12月20日

购货单位	名　　称：东方啤酒公司 纳税人识别号：677856432198769 地 址、电 话：丽都市永顺路 88 号 6885688 开户行及账号：建行丽都市支行 675843218977027	码区	165<1+47*64*44 <3*3703-8> 8*+143 </11-3164 315,<1+47*64*--3-17894574321-8>8 *+143<,/0<2*3703-8> 8*+280 </0*64*3 <3*3521-7> 8*+143 </0--65568425209

货物或应税劳务、服务名称	规格型号	单位	数 量	单价	金 额	税率	税　额
运费					90 090.09	11%	9 909.91
合　计					¥90 090.09	11%	¥9 909.91
价税合计(大写)	壹拾万元整			(小写)¥100 000.00			

销货单位	名　　称：丽都市北关街物流公司 纳税人识别号：677866635423983 地址、电 话：丽都市北关街 165 号 6852632 开户行及账号：工行北关街支行 784002415876542	备注	丽都市北关街物流公司 发票专用章

收款人：江　明　　复核：郭冬梅　　开票人：刘小凤　　销货单位：(章)

第二联　抵扣联　购货方扣税凭证

图 3-10-13($\frac{5}{7}$)

5201896335　　**云南省增值税专用发票**　　№　35621788

发票联

开票日期：2016年12月20日

购货单位	名　　称：东方啤酒公司 纳税人识别号：677856432198769 地 址、电 话：丽都市永顺路 88 号 6885688 开户行及账号：建行丽都市支行 675843218977027	码区	165<1+47*64*44 <3*3703-8> 8*+143 </11-3164 315,<1+47*64*--3-17894574321-8>8 *+143<,/0<2*3703-8> 8*+280 </0*64*3 <3*3521-7> 8*+143 </0--65568425209

货物或应税劳务、服务名称	规格型号	单位	数 量	单价	金 额	税率	税　额
运费					90 090.09	11%	9 909.91
合　计					¥90 090.09	11%	¥9 909.91
价税合计(大写)	壹拾万元整			(小写)¥100 000.00			

销货单位	名　　称：丽都市北关街物流公司 纳税人识别号：677866635423983 地址、电 话：丽都市北关街 165 号 6852632 开户行及账号：工行北关街支行 784002415876542	备注	丽都市北关街物流公司 发票专用章

收款人：江　明　　复核：郭冬梅　　开票人：刘小凤　　销货单位：(章)

第三联　发票联　购货方记账凭证

图 3-10-13($\frac{6}{7}$)

中国建设银行
转账支票存根 （滇）
$\frac{E}{0}\frac{X}{2}$ 03302551
附加信息

出票日期 2016 年 12 月 20 日

收款人：北关物流公司
金　额：100 000.00 元
用　途：运输费

单位主管 张成栋　会计 李　松

图 3-10-13($\frac{7}{7}$)

收　　据

收到：东方啤酒公司　　2016年12月23日

摘　　要	金额									
	千	百	十	万	千	百	十	元	角	分
厂门前卫生罚款				¥	1	5	0	0	0	0
合计人民币(大写) 壹仟伍佰元整										
备注										

第三联　记账联

收款单位(财务公章)　会计：王红仁　收款人：刘小丽　经手人：吕　林

图 3-10-14($\frac{1}{2}$)

中国建设银行
转账支票存根 （滇）
$\frac{E}{0}\frac{X}{2}$ 03302555
附加信息

出票日期 2016 年 12 月 23 日

收款人：丽都市城北街道办事处
金　额：1 500 元
用　途：厂门前卫生罚款

单位主管 张成栋　会计 李　松

图 3-10-14($\frac{2}{2}$)

商品购销合同

合同号:2016—164

甲方(购货方):方达连锁有限公司

乙方(销货方):丽都市东方啤酒公司

本着平等互利的原则,经双方协商,共同订立如下合同:

一、双方必须有合法的营业执照,乙方所供商品必须有合法商标,根据不同商品分别提供生产、经营许可证、注册商标证、产品合格证、进口商品检验证等。

二、甲方向乙方订购以下商品:

序号	商品名称	规格型号	计量单位	数量	单价	金　额
	高端瓶装啤酒		件	10 000	48.60	486 000.00
	低端瓶装啤酒		件	10 000	32.40	324 000.00
	罐装啤酒		件	2 000	144.00	288 000.00
	合计					1 098 000.00

三、到货时间:乙方在5日内发货并负责送货上门。

四、货款结算:钱货两清,瓶装啤酒享受9折优惠

五、合同一式 贰 份,双方盖章后生效。如违约须赔偿对方损失,按价款 30% 赔款,不可抗力除外。本合同在履行过程中,若发生纠纷或异议,双方协调解决。

甲方:方达连锁有限公司

法人代表:陈玉林

账号:工行城北支行　584000535462345

电话:6844156

地址:丽都市城北路35号

签约日期:2016年12月22日

乙方:丽都市东方啤酒公司

法人代表:王高平

账号:建行丽都市支行　67584321897027

电话:6885688

地址:丽都市永顺路88号

签约日期:2016年12月22日

注:此凭证不作为记账依据

图 3-10-15($\frac{1}{4}$)

产 成 品 出 库 单

凭证编号:3012214

用途:出售　　2016年12月24日　　产成品库:1号库

类别	编号	名 称	单位	数量	单位成本	总成本	附注:
		高端瓶装啤酒	件	10 000			
		低端瓶装啤酒	件	10 000			
		罐装啤酒	件	2 000			
		合　计					

第三联　记账联

会计:李　松　　保管:王晓兵　　制单:李　森

图 3-10-15($\frac{2}{4}$)

5201896335

云南省增值税专用发票

№ 00206061

此联不作报销、扣税凭证使用

开票日期：2016年12月24日

购货单位	名称：方达连锁有限责任公司 纳税人识别号：667852210589476 地址、电话：丽都市城北路35号 6844156 开户行及账号：工行城北支行 584000535462345	密码区	154312-3-578<1+45*54* 163312><8182*69*08814 加密版本:02 <4<2*1702-8> 8*+<142< /0 570418561 * 6/5*> > 2-3*0/8> > 00206059

货物或应税劳务、服务名称	规格型号	单位	数量	单价	金额	税率	税额
高端瓶装啤酒		件	10 000	48.60	486 000.00	17%	82 620.00
低端瓶装啤酒		件	10 000	32.40	324 000.00	17%	55 080.00
罐装啤酒		件	2 000	144.00	288 000.00	17%	48 960.00
合计					¥1 098 000.00		¥186 660.00
价税合计(大写)	壹佰贰拾捌万肆仟陆佰陆拾元整					（小写）¥1 284 660.00	

销货单位	名称：东方啤酒公司 纳税人识别号：677856432198769 地址、电话：丽都市永顺路 88 号 6885688 开户行及账号：建行丽都市支行 675843218977027	备注	

收款人：陈芳　　复核：李松　　开票人：张平　　销货单位：(章)

第一联 记账联 销货方记账凭证

图 3-10-15($\frac{3}{4}$)

中国建设银行进账单（收账通知）3

2016年12月24日　　　　第　　号

出票人	全称	方达连锁有限公司	收款人	全称	东方啤酒公司
	账号	584000535462345		账号	675843218977027
	开户银行	工行城北支行		开户银行	建行丽都市支行

金额	人民币(大写) 壹佰贰拾捌万肆仟陆佰陆拾元整	亿	千	百	十	万	千	百	十	元	角	分
			¥	1	2	8	4	6	6	0	0	0

票据种类	转账支票	票据张数	1
票据号码	6856385		

单位主管　　会计　　复核　　记账

收款人开户银行盖章
2016 年 12 月 18 日

此联是收款人开户银行交给收款人的收账通知

图 3-10-15($\frac{4}{4}$)

商品购销合同

合同号:2016-169

甲方(购货方):南平连锁超市

乙方(销货方):丽都市东方啤酒公司

本着平等互利的原则,经双方协商,共同订立如下合同:

一、双方必须有合法的营业执照,乙方所供商品必须有合法商标,根据不同商品分别提供生产、经营许可证、注册商标证、产品合格证、进口商品检验证等。

二、甲方向乙方订购以下商品:

序号	商品名称	规格型号	计量单位	数量	单价	金　额
	高端瓶装啤酒		件	10 000	48.60	486 000.00
	低端瓶装啤酒		件	20 000	32.40	648 000.00
	罐装啤酒		件	4 000	144.00	576 000.00
	合计					1 710 000.00

三、到货时间:乙方在10日内发货,货物委托运输公司运输,费用由购货方承担。

四、货款结算:商业汇票,期限一个月,瓶装啤酒享受9折优惠。

五、合同一式 贰 份,双方盖章后生效。如违约须赔偿对方损失,按价款 30% 赔款,不可抗力除外。本合同在履行过程中,若发生纠纷或异议,双方协调解决。

甲方:南平连锁超市
法人代表:杨海雨
账号:工行南路支行 584000535356123
电话:6846536
地址:丽都市城南路38号
签约日期:2016年12月25日

乙方:丽都市东方啤酒公司
法人代表:王高平
账号:建行丽都市支行 675843218977027
电话:6885688
地址:丽都市永顺路88号
签约日期:2016年12月25日

注:此凭证不作为记账依据

图 3-10-16($\frac{1}{4}$)

产 成 品 出 库 单

凭证编号:3012215

用途:出售　　2016年12月28日　　产成品库:1号库

类别	编号	名称	单位	数量	单位成本	总成本	附注:
		高端瓶装啤酒	件	10 000			
		低端瓶装啤酒	件	20 000			
		罐装啤酒	件	4 000			
合　计							

第三联　记账联

会计:李　松　　保管:王晓兵　　制单:李　森

图 3-10-16($\frac{2}{4}$)

5201896335　　**云南省增值税专用发票**　　№ 00206063

此联不作报销、扣税凭证使用　　开票日期：2016年12月28日

购货单位	名　　称：南平连锁超市 纳税人识别号：667852219522270 地 址、电 话：丽都市城南路38号 6846536 开户行及账号：工行南路支行 584000535356123				密码区	154312-3-578<1+45*54* 163312><8182*69*08814 加密版本:02 <4<2*1702-8> 8*+<142< /03096754128 * 6/5*> > 2-3*0/8> > 00206061		
货物或应税劳务、服务名称	规格型号	单位	数量	单价	金 额	税率	税 额	
高端瓶装啤酒		件	10 000	48.60	486 000.00	17%	82 620.00	
低端瓶装啤酒		件	20 000	32.40	648 000.00	17%	110 160.00	
罐装啤酒		件	4 000	144.00	576 000.00	17%	97 920.00	
合　计					¥1 710 000.00		¥290 700.00	
价税合计(大写)	贰佰万零柒佰元整				(小写)¥2 000 700.00			
销货单位	名　　称：东方啤酒公司 纳税人识别号：677856432198769 地 址、电 话：丽都市永顺路 88 号 6885688 开户行及账号：建行丽都市支行 675843218977027				备注	丽都市东方啤酒公司 发票专用章		

收款人：陈 芳　　复核：李 松　　开票人：张 平　　销货单位：(章)

第一联 记账联 销货方记账凭证

图 3-10-16($\frac{3}{4}$)

商业承兑汇票　2

汇票号码 6854631

出票日期(大写)　贰零壹陆年壹拾贰月贰拾捌日

付款人	全　称	南平连锁超市	收款人	全　称	东方啤酒公司
	账　号	584000535356123		账　号	675843218977027
	汇出地点	工行南路支行		汇入地点	建行丽都市支行
出票金额		人民币(大写) 贰佰万零柒佰元整			千 百 十 万 千 百 十 元 角 分 ¥ 2 0 0 0 7 0 0 0 0
汇票到期日(大写)		贰零壹柒年零叁月贰拾捌日	付款人开户行	行号	2415
交易合号码		2016-169		地址	丽都市城南路 38 号
备注			出票人：杨汝南 (南平连锁超市 815015250)		

第二联 此联由收款人开户银行随结算凭证寄付款人开户银行作付出传票附件

图 3-10-16($\frac{4}{4}$)

5201896335

云南省增值税专用发票

抵扣联

№ 45625481

开票日期：2016年12月29日

购货单位		密码区	
名　　称	东方啤酒公司		52585<1+47*64*44 <3*3703-8>
纳税人识别号	677856432198769		8*+143 </11-3161
地 址、电 话	丽都市永顺路 88 号 6885688		315,<1+47*64*--3-17894574321-8>8
开户行及账号	建行丽都市支行 675843218977027		*+143<,/0<2*3703-8> 8*+2458
			</0*64*3 <3*3521-7>
			8*+143 </0--65568425236

货物或应税劳务、服务名称	规格型号	单位	数 量	单价	金 额	税率	税 额
汽油	90	升	4000	6.40	25 600.00	17%	4 352.00
合 计					¥25 600.00	17%	¥4 352.00
价税合计(大写)	贰万玖仟玖佰伍拾贰元整				(小写)¥29 952.00		

销货单位		备注
名　　称	丽都市城北加油站	
纳税人识别号	5305022709833562	
地址、电 话	丽都市北关 251 号 6336548	
开户行及账号	农行丽都市支行 120301040000305	

收款人：杨开丽　　复核：李玉梅　　开票人：朱丽芬　　销货单位：(章)

第二联 抵扣联 购货方扣税凭证

图 3-10-17($\frac{1}{3}$)

5201896335

云南省增值税专用发票

发票联

№ 45625481

开票日期：2016年12月29日

购货单位		密码区	
名　　称	东方啤酒公司		52585<1+47*64*44 <3*3703-8>
纳税人识别号	677856432198769		8*+143 </11-3161
地 址、电 话	丽都市永顺路 88 号 6885688		315,<1+47*64*--3-17894574321-8>8
开户行及账号	建行丽都市支行 675843218977027		*+143<,/0<2*3703-8> 8*+2458
			</0*64*3 <3*3521-7>
			8*+143 </0--65568425236

货物或应税劳务、服务名称	规格型号	单位	数 量	单价	金 额	税率	税 额
汽油	90	升	4000	6.40	25 600.00	17%	4 352.00
合 计					¥25 600.00	17%	¥4 352.00
价税合计(大写)	贰万玖仟玖佰伍拾贰元整				(小写)¥29 952.00		

销货单位		备注
名　　称	丽都市城北加油站	
纳税人识别号	5305022709833562	
地址、电 话	丽都市北关 251 号 6336548	
开户行及账号	农行丽都市支行 120301040000305	

收款人：杨开丽　　复核：李玉梅　　开票人：朱丽芬　　销货单位：(章)

第三联 发票联 购货方记账凭证

图 3-10-17($\frac{2}{3}$)

中国建设银行
转账支票存根　（滇）

$\frac{E}{0}\frac{X}{2}$ 03302556

附加信息

出票日期 2016年12月29日

收款人：丽都市城北加油站
金　额：29 952.00元
用　途：购汽油

单位主管 张成栋　会计 李　松

图3-10-17($\frac{3}{3}$)

实训十一　期末业务

现金盘点报告表

2016年12月2日

项目	票面	数量	金额	盘点异常及建议事项	
现金盘点报告表	¥100.00	100	10 000.00		
	¥50.00	200	10 000.00		
	¥10.00	150	1 500.00		
	¥5.00	100	500.00		
	¥1.00	40	40.00		
	¥0.50	20	10.00	盘点结果及要点报告	
	¥0.20			盘盈	
	¥0.10				
小　计			22 050.00	总经理	财务经理
账　面　数			22 000.00	刘立强	张成栋
处理结果	盘　盈		50.00	上列款项及票据无法查明原因，列作营业外收入	
	盘　亏				

于2016年12月2日16时盘点时本人在场，暂列待处理财产损溢。
保管人：陈　芳　　盘点人：陈　芳　李　松

盘点人：陈　芳　李　松　　复核人：张成栋　　核准人：张成栋

图3-11-1($\frac{1}{1}$)

资产负债表日公允价值变动额计算表

表3-11-1　　　　2016年12月31日

项目	数量	账面余额		公允价值	公允价值变动额(损益)
		成本	公允价值变动额		
合计					

图 3-11-2($\frac{1}{2}$)

交易性金融资产(债券)利息计算表

表3-11-2　　　　2016年12月31日

项　目	数　量	面　值	利　率	期　限	利　息
森林债券					
信发债券					
合　计					

图 3-11-2($\frac{2}{2}$)

收　料　单

材料科目：周转材料
材料类别：包装物　　　　5346004
供应单位：光华公司
发票号码：　　　　2016年12月10日　　　　收料仓库：材料仓库

材料名称	计量单位	数量		实际成本				
		应收	实收	买价		运杂费	合计	单位成本
				单价	金额			
啤酒罐	个		30 000					
合计								
备注	估计价格 0.7 元/个							

第三联　记账联

记账：段百立　　　　收料：陈　涛　　　　制单：杨志亮

图 3-11-3($\frac{1}{1}$)

注意：业务3的原始凭证为图3-4-7($\frac{1}{1}$)，备注栏中说明暂估价 0.7 元 / 个。

实存账存对比表

单位名称：东方啤酒公司　　　　2016年12月11日

名称	计量单位	单价	实存		账存		盘盈		盘亏		原因	处理意见
			数量	金额	数量	金额	数量	金额	数量	金额		
曲靖麦	吨	3 500	189.6		190				0.4		保管不善	列管理费用 张成栋

盘点人签章 王伟力 杨志亮　　　　会计签章 李 松

图 3-11-4($\frac{1}{2}$)

盘亏财产物资转销额计算表

表3-11-3　　　　2016年12月31日

材料名称	计划成本	月初差异率	差异额	实际成本	进项税转出额	转销额

图 3-11-4($\frac{2}{2}$)

发料凭证汇总表

表3-11-4　　　　2016年12月31日　　　　单位：元

项目		原料及主要材料				辅助材料	包装物	低值易耗品	合计
		计划成本	差异率	差异	实际成本				
生产成本	高端瓶装啤酒								
	低端瓶装啤酒								
	罐装啤酒								
	小计								
制造费用									
合计									

图 3-11-5($\frac{1}{1}$)

长期股权投资损益调整计算表

表3-11-5　　　　2016年12月31日　　　　单位：元

被投资单位	持股比例	核算方法	全年净利润(成林公司)	应享有的权益份额
成林有限责任公司	30%	权益法	500 000.00	
合计				

图 3-11-6($\frac{1}{1}$)

质量检测报告书

施工单位:丽都市安全电梯厂

使用单位:丽都市东方啤酒公司

工程内容:丽都市东方啤酒公司行政楼改造工程——电梯安装工程

检验报告号及检验员:JY—2256,陈东生

质量技术监督部门审查意见:

该电梯符合《中华人民共和国标准化法》、《中华人民共和国产品质量法》和ISO9001的有关规定。

国家电梯质量监督检验中心

2016年12月31日

图 3-11-7($\frac{1}{5}$)

5201896335

云南省增值税专用发票

抵扣联

№ 6542315

开票日期:2016年12月31日

购货单位	名称:东方啤酒公司 纳税人识别号:677856432198769 地址、电话:丽都市永顺路 88 号 6885688 开户行及账号:建行丽都市支行 675843218977027			密码区	154312-3-578<1+45*54* 163312><8182*69*08814 加密版本:02 <4<2*1702-8> 8*+<142< /0 4700030030 * 6/5*> > 2-3*0/8> > 6542312			
货物或应税劳务、服务名称	规格型号	单位	数量	单价	金额	税率	税额	
电梯安装费用			1	4 000.00	4 000.00	17%	680.00	
合计					¥4 000.00		¥680.00	
价税合计(大写)	肆仟陆佰捌拾元整			(小写)¥4 680.00				
销货单位	名称:安全电梯厂 纳税人识别号:667858223465213 地址、电话:丽都市翡翠路8号 6503522 开户行及账号:建行翡翠路支行 675843216653241			备注				

第二联 抵扣联 购货方扣税凭证

收款人:胡杏 复核:陈池 开票人:徐明玉 销货单位:(章)

图 3-11-7($\frac{2}{5}$)

5201896335　　**云南省增值税专用发票**　　№　6542315

发票联

开票日期：2016年12月31日

购货单位	名　　称：东方啤酒公司 纳税人识别号：677856432198769 地 址、电 话：丽都市永顺路 88 号 6885688 开户行及账号：建行丽都市支行 675843218977027	密码区	154312-3-578<1+45*54* 163312><8182*69*08814 加密版本:02 <4<2*1702-8> 8*+<142< /0 4700030030 * 6/5*> > 2-3*0/8> > 6542312

货物或应税劳务、服务名称	规格型号	单位	数量	单价	金额	税率	税额
电梯安装费用			1	4 000.00	4 000.00	17%	680.00
合　计					￥4 000.00		￥680.00
价税合计(大写)	肆仟陆佰捌拾元整				(小写)￥4 680.00		

销货单位	名　　称：安全电梯厂 纳税人识别号：667858223465213 地 址、电 话：丽都市翡翠路8号 6503522 开户行及账号：建行翡翠路支行 675843216653241	备注	

收款人：胡　杏　　复核：陈　池　　开票人：徐明玉　　销货单位：(章)

丽都市安全电梯厂 发票专用章

第三联 发票联 购货方记账凭证

图 3-11-7($\frac{3}{5}$)

固定资产移交使用报告单

2016年12月31日

名　称	规格型号	单　位	数　量	设备价款	预计使用年限	移交单位
行政楼		幢	1	9 704 175.50	10 年	办公室
备　注						

使用部门主管：王秋生　　会计：李　松　　制单：郭清泉

图 3-11-7($\frac{4}{5}$)

中国建设银行
转账支票存根 (滇)

$\frac{E}{0}\frac{X}{2}$ 03302557

附加信息

出票日期 2016 年 12 月 31 日

收款人：丽都市安全电梯厂
金 额：4 680.00 元
用 途：安装费

单位主管 张成栋 会计 李 松

图 3-11-7($\frac{5}{5}$)

中国建设银行
转账支票存根 (滇)

$\frac{E}{0}\frac{X}{2}$ 03302558

附加信息

出票日期 2016 年 12 月 31 日

收款人：海华股份有限公司
金 额：134 000.00 元
用 途：工程款及税款

单位主管 张成栋 会计 李 松

图 3-11-8($\frac{1}{5}$)

固定资产移交使用报告单

2016年12月31日

名 称	规格型号	单 位	数 量	设备价款	预计使用年限	移交单位
简易仓库		幢	1	200 000.00	10 年	物流部
备 注						

使用部门主管：付一村　　会计：李 松　　制单：郭清泉

图 3-11-8($\frac{2}{5}$)

工程结算单

工程名称：丽都市东方啤酒公司简易仓库建造工程

NO. 256号　　单位：元

序 号	结算项目	合 同 价	实 际 价	增减原因说明
1	人 工	40 000.00	40 000.00	固定建造合同
2	材 料	125 000.00	125 000.00	固定建造合同
3	机 械	15 000.00	15 000.00	固定建造合同
4	间接费用	4 000.00	4 000.00	固定建造合同
5	合理利润	16 000.00	16 000.00	固定建造合同
	合 计	200 000.00	200 000.00	

海华股份有限公司 财务专用章

海华股份有限公司
2016年12月31日

图 3-11-8($\frac{3}{5}$)

5201896335　　**云南省增值税专用发票**　　№　05417821

抵扣联

开票日期：2016年12月31日

购货单位	名　称：东方啤酒公司 纳税人识别号：677856432198769 地 址、电 话：丽都市永顺路 88 号 6885688 开户行及账号：建行丽都市支行 675843218977027			码区	52585<1+47*64*44 <3*3703-8> 8*+143 </11-1464 315,<1+47*64*--3-17894574321-8> 81*+143<,/0<2*3703-8> 8*+2325 </0*64*3 <3*3521-7> 8*+143 </02347			
货物或应税劳务、服务名称		规格型号	单位	数 量	单价	金 额	税率	税 额
简易仓库			幢	1	200 000.00	200 000.00	17%	34 000.00
合　计						¥200 000.00	17%	¥34 000.00
价税合计(大写)		贰拾叁万肆仟元整				(小写)¥234 000.00		
销货单位	名　称：海华股份有限公司 纳税人识别号：5305023568714598 地址、电 话：丽都市北路 211 号 68365188 开户行及账号：建行丽都市支行 6203017421530301			备注				

收款人：袁星晨　　复核：王红梅　　开票人：陈艳芳　　销货单位：(章)

第二联　抵扣联　购货方扣税凭证

图 3-10-8($\frac{4}{5}$)

5201896335　　**云南省增值税专用发票**　　№　05417821

发票联

开票日期：2016年12月31日

购货单位	名　称：东方啤酒公司 纳税人识别号：677856432198769 地 址、电 话：丽都市永顺路 88 号 6885688 开户行及账号：建行丽都市支行 675843218977027			码区	52585<1+47*64*44 <3*3703-8> 8*+143 </11-1464 315,<1+47*64*--3-17894574321-8> 81*+143<,/0<2*3703-8> 8*+2325 </0*64*3 <3*3521-7> 8*+143 </02347			
货物或应税劳务、服务名称		规格型号	单位	数 量	单价	金 额	税率	税 额
简易仓库			幢	1	200 000.00	200 000.00	17%	34 000.00
合　计						¥200 000.00	17%	¥34 000.00
价税合计(大写)		贰拾叁万肆仟元整				(小写)¥234 000.00		
销货单位	名　称：海华股份有限公司 纳税人识别号：5305023568714598 地址、电 话：丽都市北路 211 号 68365188 开户行及账号：建行丽都市支行 6203017421530301			备注				

收款人：袁星晨　　复核：王红梅　　开票人：陈艳芳　　销货单位：(章)

第三联　发票联　购货方记账凭证

图 3-10-8($\frac{5}{5}$)

固定资产折旧计算表

表3-11-6　　2016年12月31日　　单位：元

项目		原值	使用年限	预计净残值	折旧方法	第四年度应提折旧额	本月应提折旧额
生产车间	厂房、仓库						
	机器设备						
	运输工具						
	电子设备						
	小　计						
管理部门	运输工具						
	电子设备						
	小　计						
销售部门	运输工具						
	电子设备						
	小　计						
合 计							

图 3-11-9($\frac{1}{1}$)

注意:业务10无原始凭证。该业务是实训七第3笔业务的延续。

无形资产摊销计算表

表3-11-7　　2016年12月31日　　单位：元

项　　目	无形资产账面价值	使用寿命(月)	本月应摊销的价值

图 3-11-11($\frac{1}{1}$)

工资及职工福利费计算表

表3-11-8　　2016年12月31日　　单位：元

项目		应付工资	代扣社保基金	代扣住房公积金	代扣个人所得税	代扣房租	代扣电费	代扣款合计	实发工资	应付福利费
管理费用		300 000			10 000	6 000	4 600			
生产成本	高端啤酒	81 000			1 400	1 500	1 000			
	低端啤酒	90 000			2 000	2 100	1 200			
	罐装啤酒	72 000			1 100	900	800			
	小 计									
制造费用		20 000			400	500	350			
销售费用		45 000			800	900	700			
合　计		608 000			15 700	11 900	8 650			

图 3-11-12($\frac{1}{1}$)

工会经费及职工教育经费计算表

表3-11-9　　2016年12月31日　　单位：元

项目		应付工资	工会经费 2%	职工教育经费 1.5%	合　计
管理费用		300 000			
生产成本	高端啤酒	81 000			
	低端啤酒	90 000			
	罐装啤酒	72 000			
	小 计				
制造费用		20 000			
销售费用		45 000			
合　计		608 000			

图 3-11-13($\frac{1}{1}$)

社保基金/住房公积金分配表

表3-11-10　　2016年12月31日　　单位：元

项目		基　数	基本养老保险 8%	基本医疗保险 2%	住房公积金 10%	合　计
管理费用		300 000				
生产成本	高端啤酒	81 000				
	低端啤酒	90 000				
	罐装啤酒	72 000				
	小 计					
制造费用		20 000				
销售费用		45 000				
合　计		608 000				

图 3-11-14($\frac{1}{1}$)

利息计算表

表3-11-11　　2016年12月31日　　单位：元

项　　目	借款本金	年利率	借款期限(天)	应提利息
建设银行短期借款				
建设银行长期借款				
长期债券				
合　　计				

图 3-11-15($\frac{1}{1}$)

应收款项减值计算表

表3-11-12　　2016年12月31日　　单位：元

应收账款账面余额	计提比例	估计损失	“坏账准备”账面余额	本月应提坏账准备金

图 3-11-16($\frac{1}{1}$)

制造费用发生额分配表

表3-11-13　　2016年12月31日　　单位：元

项　目	分配标准(产品产量)				分配率	制造费用本期发生额
	在产品产量	在产品约当产量	完工产品产量	小计		
高端瓶装啤酒						
低端瓶装啤酒						
罐装啤酒						
合 计						

图 3-11-17($\frac{1}{2}$)

制造费用分配表

表3-11-14　　2016年12月31日　　单位：元

项 目	分配标准(产品产量)		分配率	制造费用总额			应分配的制造费用	
	在产品约当产量	完工产品产量		期初数额	本期发生额	合 计	在产品	完工产品
高端啤酒	400	44 000						
低端啤酒	1 000	111 000						
罐装啤酒	500	14 000						
合 计								

图 3-11-17($\frac{2}{2}$)

材料费用分配表

表3-11-15　　2016年12月31日　　单位：元

项　目	分配标准		分配率	材料费用总额		应分配的材料费用	
	在产品产量	完工产品产量				在产品	完工产品
高端啤酒	800	44 000					
低端啤酒	2 000	111 000					
罐装啤酒	1 000	14 000					
合　计							

图 3-11-18($\frac{1}{3}$)

直接人工费用分配表

表3-11-16　　2016年12月31日　　单位：元

项　目	分配标准		分配率	人工费用总额		应分配的人工费用	
	在产品约当产量	完工产品产量				在产品	完工产品
高端啤酒	400	44 000					
低端啤酒	1 000	111 000					
罐装啤酒	500	14 000					
合　计							

图 3-11-18($\frac{2}{3}$)

完工产品成本计算表

表3-11-17　　2016年12月31日　　单位：元

成　本　项　目	直接材料	直接人工	制造费用	总　成　本	产品产量	单位成本
高端瓶装啤酒						
低端瓶装啤酒						
罐装啤酒						
合　计						

图 3-11-18($\frac{3}{3}$)

产品销售成本计算表

表3-11-18　　2016年12月31日　　单位：元/件

项　目	起初结存成本	起初结存数量	本期入库成本	本期入库数量	加权平均单位成本	销售数量	销售成本
高端瓶装啤酒							
低端瓶装啤酒							
罐装啤酒							
合　计							

图 3-11-19($\frac{1}{1}$)

应交、未交增值税计算表

表3-11-19　　　　2016年12月31日　　　　单位：元

进项税额	已交税金	销项税额	进项税额转出	未交增值税	多交增值税

图 3-11-20($\frac{1}{1}$)

应交消费税、城建税、教育费附加计算表

表3-11-20　　　　2016年12月31日　　　　单位：元

项　　目	计税依据	适用税率	金　　额
应交消费税			
应交城建税			
应交教育费附加			
合　　计			

图 3-11-21($\frac{1}{1}$)

应交房产税、土地使用税、车船税计算表

表3-11-21　　　　2016年12月31日　　　　单位：元

<table>
<tr><th colspan="2" rowspan="2">项　　目</th><th rowspan="2">计税依据</th><th rowspan="2">适用税率</th><th colspan="2">金　　额</th></tr>
<tr><th>年应纳税额</th><th rowspan="2">12 月应纳税额</th></tr>
<tr><td colspan="2">应交房产税</td><td></td><td></td><td></td></tr>
<tr><td colspan="2">土地使用税</td><td></td><td></td><td></td><td></td></tr>
<tr><td rowspan="2">车船税</td><td>载货汽车</td><td></td><td></td><td></td><td></td></tr>
<tr><td>小汽车</td><td></td><td></td><td></td><td></td></tr>
<tr><td colspan="2">合　　计</td><td></td><td></td><td></td><td></td></tr>
</table>

图 3-11-22($\frac{1}{1}$)

损益类账户发生额计算表

表3-11-22　　　　2016年12月31日　　　　单位：元

科　　目	借方发生额	贷方发生额
主营业务收入		
其他业务收入		
投资收益		
营业外收入		
主营业务成本		
其他业务成本		
营业外税金及附加		
管理费用		
财务费用		
销售费用		
资产减值损失		
公允价值变动损益		
营业外支出		
合　　计		

图 3-11-23($\frac{1}{1}$)

应交所得税计算表

表3-11-23　　　　2016年12月31日　　　　单位：元

项　　目		金　　额
1—11月净利润		
1—11月预交所得税		
1—11月利润总额		
12月份利润总额		
全年利润总额		
纳税调整项目	调增项目： 1. 应收账款减值 2. 卫生罚款支出	
	调减项目： 1.（权益法）长期股权投资损益调整 2. 交易性金融资产公允价值变动损益 3. 固定资产折旧(电子设备)	
全年应纳税所得额		
全年应交所得税		
12月份应补交的所得税		

图 3-11-24($\frac{1}{2}$)

递延所得税资产(负债)计算表

表3-11-24　　2016年12月31日　　单位：元

项　　目	金　　额
递延所得税资产(固定资产、交易性金融资产2016年期初余额)	
递延所得税负债(长股权)2016年期初余额	
本年末应收账款(销货债券)的账面价值	
固定资产(电子设备)的账面价值	
交易性金融资产的账面价值	
长期股权投资的账面价值	
本年末应收账款的计税基础	
固定资产的计税基础	
交易性金融资产的计税基础	
长期股权投资的计税基础	
本年末的可抵扣暂时性差异	
本年末的应纳税暂时性差异	
本年末递延所得税资产的余额	
本年末递延所得税负债的余额	
本年产生的递延所得税资产	
本年产生的递延所得税负债	

图 3-11-24($\frac{2}{2}$)

净利润计算表

表3-11-25　　2016年12月31日　　单位：元

1—11 月份利润总额	12 月份利润总额	全年利润总额	所得税费用	全年净利润

图 3-11-25($\frac{1}{1}$)

净利润分配表

表3-11-26　　2016年12月31日　　单位：元

项　　目	金　　额
年初未分配利润	
3月份分配利润	
全年实现的净利润	
提取法定公积金(10%)	
提取法定公益金(5%)	
未分配利润	

图 3-11-26($\frac{1}{1}$)

实训十二　财务报告

表3-12-1　**资产负债表(简表)**　会企01表

编制单位：东方啤酒股份有限公司　2016年12月31日　单位：元

资　　产	年初余额	期末余额	负债和股东权益	年初余额	期末余额
流动资产：			流动负债：		
货币资金			短期借款		
交易性金融资产			应付票据		
应收票据			应付账款		
应收账款			预收账款		
预付账款			应付职工薪酬		
应收利息			应交税费		
应收股利			应付利息		
其他应收款			应付股利		
存　　货			其他应付款		
其他流动资产			一年内到期的非流动负债		
流动资产合计			流动负债合计		
非流动资产：			非流动负债：		
长期应收款			长期借款		
长期股权投资			应付债券		
投资性房地产			递延所得税负债		
固定资产			非流动负债合计		
在建工程			负债合计		
工程物资			股东权益：		
无形资产			股　　本		
研发支出			资本公积		
递延所得税资产			盈余公积		
其他非流动资产			未分配利润		
非流动资产合计			股东权益合计		
资产总计			权益总计		

表3-12-2　　利润表(简表)　　会企02表

编制单位：东方啤酒股份有限公司　　2016年12月　　单位：元

项　目	本期金额	上期金额
一、营业收入		
减：营业成本		
营业税金及附加		
销售费用		
管理费用		
财务费用		
资产减值损失		
加：公允价值变动收益（损失以“-”号填列）		
投资收益（损失以“-”号填列）		
其中：对联营企业和合营企业的投资收益		
二、营业利润（亏损以“-”号填列）		
加：营业外收入		
减：营业外支出		
其中：非流动资产处置损失		
三、利润总额（亏损总额以“-”号填列）		
减：所得税费用		
四、净利润（净亏损以“-”号填列）		

表3-12-3

现金流量表(简表)

会企03表

编制单位：东方啤酒股份有限公司　　2016年12月　　单位：元

项　　目	本期金额	上期金额
一、经营活动产生的现金流量		
销售商品、提供劳务收到的现金		
收到的税费返还		
收到其他与经营活动有关的现金		
经营活动现金流入小计		
购买商品、接受劳务支付的现金		
支付给职工以及为职工支付的现金		
支付的各项税费		
支付其他与经营活动有关的现金		
经营活动现金流出小计		
经营活动产生的现金流量净额		
二、投资活动产生的现金流量		
收回投资收到的现金		
取得投资收益收到的现金		
处置固定资产、无形资产和其他长期资产收回的现金净额		
处置子公司及其他营业单位收到的现金净额		
收到其他与投资活动有关的现金		
投资活动现金流入小计		
购买固定资产、无形资产和其他长期资产支付的现金		
投资支付的现金		
取得子公司及其他营业单位支付的现金净额		
支付其他与投资活动有关的现金		
投资活动现金流出小计		
投资活动产生的现金流量净额		
三、筹资活动产生的现金流量		
吸收投资收到的现金		
取得借款收到的现金		
收到其他与筹资活动有关的现金		
筹资活动现金流入小计		
偿还债务支付的现金		
分配股利、利润或偿付利息支付的现金		
支付其他与筹资活动有关的现金		
筹资活动现金流出小计		
筹资活动产生的现金流量净额		
四、汇率变动对现金及现金等价物的影响		
五、现金及现金等价物净增加额		
加:期初现金及现金等价物余额		
六、期末现金及现金等价物余额		

内容简介

本书主要针对会计专业学生的培养目标、知识结构和职业能力等要求而编写，原则上以学生会计职业生涯学习发展规律为线索，突出不同学习环节要解决的实践问题，各有重点、特色，又相互依托、层层递进。实训选材于一个生产加工公司的实务，根据该公司大量核算资料进行分析、筛选、补充编写而成。

本书既可以作为会计教学实训之用，也可供自学者自学使用。

图书在版编目(CIP)数据

财务会计模拟实训 / 李艳，李霞主编. --3 版. --
南京：南京大学出版社，2017.6(2019.12 重印)
普通高等院校"十三五"规划教材. 财会专业
ISBN 978-7-305-18611-0

Ⅰ. ①财… Ⅱ. ①李… ②李… Ⅲ. ①财务会计—高等学校—教材 Ⅳ. ①F234.4

中国版本图书馆 CIP 数据核字(2017)第 099741 号

出 版 者 南京大学出版社
社　　址 南京市汉口路 22 号　　邮编 210093
网　　址 http://www.NjupCo.com
出 版 人 金鑫荣

丛 书 名 普通高等院校"十三五"规划教材·财会专业
书　　名 财务会计模拟实训(第三版)
主　　编 李 艳 李 霞
责任编辑 尤 佳　　编辑热线 025-83592123

照　　排 南京新华丰制版有限公司
印　　刷 常州市武进第三印刷有限公司
开　　本 787×1092 1/16 印张 19.5 字数 470 千
版　　次 2017 年 6 月第 3 版 2019 年 12 月第 4 次印刷
ISBN 978-7-305-18611-0
定　　价 46.00 元

发行热线 025-83594756
电子邮箱 Press@NjupCo.com
Sales@NjupCo.com(市场部)